自治体の
生活保護担当
になったら読む本

山中正則 [著]

JN240277

学陽書房

はじめに

　本書は、自治体で生活保護の担当になった方に必要な知識やノウハウをお伝えする1冊です。制度の基本から現場で直面する課題への具体的な取り組み方までを網羅し、皆さんをサポートします。

　いきなり「80世帯の担当をお願いします」——そんなことを言われたら、誰だって驚くのではないでしょうか。しかし、都市部ではケースワーカー1人につき約80世帯を担当するのが国の標準です。さらに、昨今の生活保護受給者の増加や自治体の人員削減もあり、その基準を超える世帯数を抱えることも珍しくありません。

　配属されてまもない段階でこの現実を知り、「自分1人でこんなに多くの世帯を支えられるだろうか？」と不安になってしまう人もいるでしょう。ですが、ご安心を。この本はそんな皆さんにとっての**最良の味方**です。

　生活保護のケースワーカーには、生活保護の制度はもちろん、その他の法律知識、関係機関との連携方法、被保護者への適切なコミュニケーションなど、幅広い知識とスキルが求められます。そのため、担当になりたての頃は何から手をつければよいのか戸惑い、プレッシャーを感じる場面も多いでしょう。日々生じる問題は多種多様で、対応方法に悩む新人ケースワーカーも少なくありません。

　こうした悩みは決して皆さんだけのものではありません。私自身、福祉全般の知識も技術も持たないままケースワーカーになり、日々悩んで試行錯誤した経験を持つからこそ、その不安や戸惑いにはとても共感します。そんなかつての自分と同じように、今悩んでいる方々の力になれればとこの本を書きました。

　では、どうすればその不安を乗り越え、しっかりと仕事をこなせるようになるでしょうか。**解決策の1つは、先輩・上司の知恵を借りながら実務のノウハウを身につけること**です。しかし、慢性的な人手不足の現場では、充分なOJTや研修ができない場合もあるでしょう。

そこで本書では、私が生活保護現場で得た知見や先輩たちから学んだコツをぎっしりと凝縮して解説します。

まず、生活保護制度とケースワーク業務の概要について、何をすべきかを見通せるように解説。また、被保護者に向き合う際の心構えを伝えます。

また、生活保護の開始時に行う面接から申請・決定、初回家庭訪問などについて気をつけるべきポイントを詳しく解説します。

さらに、高齢者世帯、母子世帯、障害のある方の世帯、傷病中の方の世帯、依存症問題を抱える世帯など、それぞれのケースに応じた支援のアプローチを詳解。世帯課題ごとのケースワークの進め方や関係機関との連携ポイントを知ることで、多様なケースに対応できる力が身につきます。

加えて、煩雑な事務手続きや書類仕事を効率よくこなすコツ、被保護者への助言・指導、不正受給への対応についても盛り込みました。

本書は新人ケースワーカーの方を主な対象としていますが、新人だけでなく、経験者にも役立ち、常に手の届くところに置いておきたいと思える内容となるよう心がけました。生活保護の分野は法改正や社会情勢の変化に伴い日々アップデートされており、ベテランであっても常に学び続けることが必要です。業務に慣れてきたときに、改めて基本を見直したり、新しい視点を得たりすることで業務の質を向上させることができます。

ケースワーカー以外の業務で生活保護に携わる方や、介護や福祉の現場でケースワーカーと接する方も、本書を通じてケースワークの全体像を把握し、連携することで、チームとしてよりよい支援ができるでしょう。

ぜひ、わからないことに直面したとき、迷いや不安を感じたときは、本書を開いてみてください。きっと解決のヒントや次の一歩を踏み出す勇気が得られるはずです。

本書が皆さんの背中を押し、自信を持って仕事に臨むための一助となれば幸いです。

令和7年4月

山中 正則

第4章 世帯課題別 ケースワークのポイント

第5章 ケースワーカーの事務仕事

第6章 助言・指導と不正受給

第7章 ケースワーカーの仕事哲学

凡　　例

本書では、関係通知等を略称して次のように表記しています。

告　　示：厚生省告示第 158 号「生活保護法による保護の基準」（昭和 38 年 4 月 1 日）

次官通知：厚生事務次官通知「生活保護法による保護の実施要領について」（昭和 36 年 4 月 1 日厚生省発社第 123 号）

局長通知：厚生省社会局長通知「生活保護法による保護の実施要領について」（昭和 38 年 4 月 1 日社発第 246 号）

課長通知：厚生省社会局保護課長通知「生活保護法による保護の実施要領の取扱いについて」（昭和 38 年 4 月 1 日社保第 34 号）

第 1 章

生活保護担当の
仕事へようこそ

1 1 ◎…生活保護って どんな制度？

▶▶ 最後のセーフティネット

生活保護は、憲法第 25 条で定められている **「健康で文化的な最低限度の生活を営む権利」（生存権）を保障する制度**です。さまざまな理由から経済的に困窮し自力で生活を維持することができない人に対して、生活費や医療費などを支給します。そして、単なる経済的援助にとどまらず、困窮に至った原因である社会的な孤立や就労困難といった複合的な課題に対しても、ケースワーカーが中心となり包括的に支援します。

この制度が「最後のセーフティネット」として機能するためには、生活保護ケースワーカーである皆さんの役割が非常に重要です。

生活保護を利用することは「権利」であり、本来支援を受けることは恥ずかしいことではありません。しかし、制度に対する誤解や偏見を持つ人も少なくないのが現状です。ケースワーカーには、**制度の意義を正しく理解し、困窮した人々が安心して相談できる環境をつくる**ことが求められます。

▶▶ 生活保護の支援内容——8つの扶助で生活を支える

生活保護は、困窮する状況に応じて、図表1に示す8つの扶助（支援）を行います。それぞれの扶助には、支給する基準や条件が定められているので、ケースワーカーにはこれらを正確に理解し、適切な支援を行うことが求められます。

それぞれの扶助は単に経済的な給付ということではありません。困窮者が抱える課題を解決するための手段として、各扶助の性質を理解して説明できるようになっておきましょう。

図表1　生活保護の8つの扶助

扶助の種類	支給内容
生活扶助	衣食、光熱水費など日常生活に必要な費用
教育扶助	義務教育を受けるために必要な学用品、給食費などの費用
住宅扶助	家賃、地代や住宅の修理などの費用
医療扶助	医療費
介護扶助	介護保険法による介護サービスを受けるための費用
出産扶助	出産に関する費用
生業扶助	生業（仕事）に必要な資金、器具又は資料、技術の修得に必要な費用。また高校就学にかかる費用
葬祭扶助	被保護者が死亡した時に必要な葬儀費用

▶▶ 生活保護を支給するまでの流れ

　生活保護は、原則として本人の意思による申請が必要です（事情により親族などによる申請代行も可能）。

　申請に基づき、家庭訪問や各種調査を行い、世帯が経済的に困窮しているかを確認します。大まかに言うと、**国が定めた「最低生活費」と一か月の収入を比較し、収入が不足していれば生活保護を適用**します。

　その際、預貯金、土地や家屋、高価な貴金属など資産価値のあるものは生活費に充てる必要があります。また、親族からの援助や年金、失業給付金など他の法律や施策を活用できる場合は、生活保護よりも優先して行います。

　ただし、家屋や貴金属など、すぐに換金できない資産を理由に申請を却下してはいけません。この場合は、資産活用を前提に一旦は保護を適用し、活用できた段階で保護費を返還してもらいます。

　生活保護制度は、単に現金（＝生活保護費）の支給にとどまらず、経済面以外の要因にも目を向け、**生活の改善を総合的に支援する点**が他の制度とは異なります。

1/2 ◎…ケースワーカーって何をする仕事?

▶▶ 生活保護ケースワーカーとは

　生活保護ケースワーカーは、社会福祉法に基づき、福祉事務所への配置が義務づけられている「現業を行う所員（現場の職員）」です。その仕事は、被保護者（現に生活保護を受けている人）の家庭訪問や資産・環境の調査、生活指導が含まれ、必要な知識は福祉分野全般に渡ります。そのため、ケースワーカーには、**福祉事務所などで現業員として任用されるために必要な「社会福祉主事」の資格を持つ人が充てられるのが原則**です。しかし、人材不足などの理由から、ケースワーカーとして配置された後に社会福祉主事になるための研修などを行う職場もあります。

　本書では、予備知識がなくても理解できるように、「生活保護ケースワーカーになったら押さえておきたい仕事の概要」を各章で解説していきますが、まずは大きくどんな仕事があるのかを紹介しましょう。

■社会福祉法

（組織）

第15条　福祉に関する事務所には、長及び少なくとも次の所員を置かなければならない。ただし、所の長が、その職務の遂行に支障がない場合において、自ら現業事務の指導監督を行うときは、第1号の所員を置くことを要しない。

一　指導監督を行う所員

二　現業を行う所員

三　事務を行う所員

2・3　（略）

4　現業を行う所員は、所の長の指揮監督を受けて、援護、育成又は更生の措置を要する者等の家庭を訪問し、又は訪問しないで、これらの者に面接し、本人の資産、環境等を調査し、保護その他の措置の必要の有無及びその種類を判断し、本人に対し生活指導を行う等の事務をつかさどる。

5　（略）

6　第1項第1号及び第2号の所員は、社会福祉主事でなければならない。

▶▶▶ 5つの仕事をバランスよく行う

ケースワーカーの主な仕事には、図表2に示す5つがあります。

図表2　生活保護ケースワーカーの5つの仕事

業務内容	概要
相談を受ける	病気や障害、経済的な問題を抱える人の相談に耳を傾け、その解決策を助言・支援する
保護を決定する	法に定められた「最低限度の生活」を満たすために、不足している部分を必要なときに正しく支給する
調査・照会する	適正に保護を実施するために、関係者・関係機関に資産や病状、扶養関係などを調査・照会する
連携する	相談者がさまざまな問題を解決するために、他部署や専門機関と連携を図る
記録する	担当者が変わっても一貫した支援が行われるように、正確な記録を作成する

ケースワーカーの仕事は「相談を受ける」こと（相談者が抱える問題を解決するために助言・支援すること）だけだと思われがちですが、実際には、これら5つの仕事をバランスよく行うことが大切です。

人によって得手不得手があって当然ですが、「相談を受ける」という対人援助が苦手な人でも、その他の仕事を丁寧に続けて、苦手な分野も少しずつ伸ばしていければ大丈夫です。焦らず、急がず、気負わずに。本書で少しずつ仕事のコツをつかんでいきましょう。

1|3 ◎…ケースワーカーの 1日・1か月・1年

▶▶▶ 定例業務の効率化で不測の事態への備えを

　ケースワーカーの仕事は、毎年同じ時期に事務が集中する繁忙期が比較的少ない仕事です。

　財政課であれば予算編成が始まる9月から翌年1月頃、住民登録を取り扱う市民課であれば就職・進学で転居が増える3月・4月といった明らかな繁忙期があるものの、生活保護の場合、こうした季節やイベントによって仕事を休めない、休みにくい繁忙期はほぼありません。一斉に行う調査や年度替わりの事務、異動時の引き継ぎなど、集中して事務を行う時期はありますが、その部分を自分自身でコントロールできれば、**ワーク・ライフ・バランスが取りやすい仕事**だといえるでしょう。

　一方で、被保護者への助言・指導といった相談業務は「終わり」を見つけることが難しい仕事です。緊急対応を求められることもありますし、やろうと思えば際限なく行うこともできます。そのため、自分でも気づかないうちに仕事を増やして負担を感じてしまうこともあります。

　ケースワーカーの中には、被保護者の相談支援が得意な人もいれば、事務作業が得意な人もいます。苦手な業務では手間取ることもありますが、全体の仕事のバランスを考えることが大切です。　そのためには、**まず自分でコントロールしやすい定例業務（事務作業）を効率化し、業務全体の負担を軽減する**ことが重要です。また、相談支援は必要以上に詰め込まず、**効率化によって生まれた時間を、緊急対応を求められた際に充てる時間として確保する**ことが求められます。

▶▶ ケースワーカーの１日

　図表３は、あるケースワーカーの１日の業務内容例です。ケースワーカーには定期的な家庭訪問が求められるため、１日の中で全体の業務をバランスよくこなしていけるよう整えることが大切です。

図表３　１日の業務内容例

9:00	**始業** まずは前日までに溜まっている仕事や書類を確認
9:30	**デスクワーク** 生活保護費の変更につながる入力作業は前日分までを可能なかぎりこの時間で処理する その他、生活保護法第29条による調査事務（詳細は130ページ参照）や、他機関との連絡調整など事務処理はこの時間にまとめて行う
11:30	**家庭訪問資料の確認** 今日、家庭訪問を行う世帯の情報を確認。保護記録（被保護者に関する記録）などを確認し、家庭訪問の目的を明確にする
12:00	**昼休み**
13:00	**家庭訪問**
15:30	**保護記録の作成★** 今日行った家庭訪問の記録を作成する
17:00	**振り返り** 家庭訪問中に来所した被保護者、関係機関等への連絡や翌日の準備を行う
17:30	**終業**

★ Point

家庭訪問は、その記録を作成するまでがセットです。翌日以降に記録を作成することになると記憶も曖昧になるので、その日のうちに記録の作成が終えられるよう訪問件数を調整しましょう。

　1か月のうち、**最も忙しいのは「締め日」**（生活保護費の支給額を決定する際の収入認定などのシステム入力締切日）です。翌月の生活保護費を決定するため、収入等の変化に応じて支給内容を見直し、変更する**「保護の変更処理」を締め日までに行う**必要があります。

　収入認定など毎月処理するものは、締め日直前に慌てないよう、処理する日を決めておきましょう。

図表4　1か月の業務内容例

月	火	水	木	金	土	日
1 支給日	2	3	4	5	6	7
8	9 ケース 診断会議	10	11	12	13	14
15	16	17 締め日	18	19	20	21
22	23 ケース 診断会議	24	25 決定通知 発送日	26	27	28
29	30	31				

収入申告など提出書類受付

保護の変更処理★

※支給日や締め日は実施機関、実施月によって異なる

　★ Point

　保護の変更に関わる事務処理は、締め日の1週間前から前々日くらいまでの間に余裕を持って処理することが大切です。自身の休暇や家庭訪問の予定は、事務処理の時間をどこで取るかを考えて調整しましょう。

▶▶ ケースワーカーの1年

　繁忙期は少ないといっても、1年間を通して見ると、「この仕事はこの時期に行う」という福祉事務所ごとの定例事務があります。あらかじめ、**1年を俯瞰して準備しておくと慌てずに済みます**。

図表5　1年の業務内容例

4月	援助方針・訪問計画の設定
5月	
6月	長期入院・施設入所者調査
7月	課税調査★
8月	↓
9月	
10月	指導監査
11月	
12月	
1月	
2月	次年度実施方針・訪問基準見直し
3月	

※実施内容や実施月は実施機関によって異なる

★ Point
課税調査をすることで、就労収入や公的年金の収入額が正しく収入認定されているかを確かめることができます。不正受給の防止にもつながるので、しっかりと調査しましょう。

17

1│4 ◎…相談・申請から 保護廃止までの チェックポイント

▶▶ すべてに関われないからこそ、全体の流れを知る

生活保護は、生活に困窮する人が申請することから始まります。口頭での申請も可能ですが、基本的には書類による申請を受け付け、**14 日（調査に日時を要する特別な理由がある場合は最長 30 日）以内に審査を行い、保護が開始されます。**

相談面接から保護を開始し、助言・指導を行い、最終的に生活保護を廃止する（生活保護受給者ではなくなる）まで、すべての過程に 1 人のケースワーカーが関わることはほとんどありません。人事異動や担当替えもありますし、自治体によっては役割を分けている場合もあります。

そのため、気をつけないと「今」にばかり気を取られて視野が狭くなってしまい、適切な支援ができなくなります。被保護者のすべてに関わることはできないからこそ、生活保護の開始から廃止までの流れを知り、長期的な視点でケースワーカーの仕事を理解しましょう。

▶▶ 生活保護の4つの段階ごとに必要な力

相談・生活保護の申請から保護の廃止までは、大きく「相談・申請期」「初期」「中期」「自立期」の 4 つに分けることができます（図表 6 参照）。それぞれの段階で、ケースワーカーが何をすればよいのか、またそのために必要な力を紹介します。

① 【相談・申請期】傾聴と「迅速な判断力」

「相談・申請期」は、来庁した相談者の困窮状態を理解して、生活保

図表6　生活保護の相談・申請から廃止までのフロー例

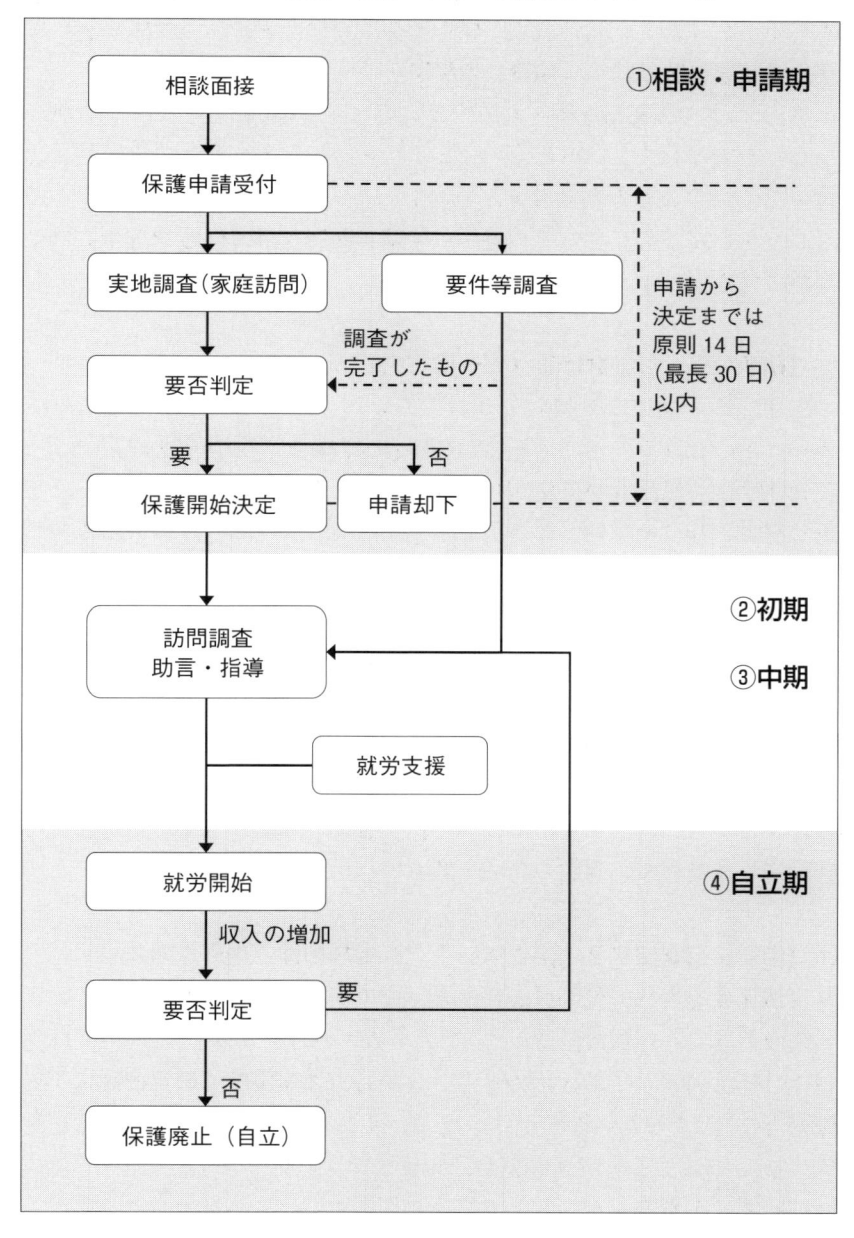

①相談・申請期

相談面接

保護申請受付

実地調査（家庭訪問）　要件等調査

申請から
決定までは
原則14日
（最長30日）
以内

調査が
完了したもの

要否判定

要　　否

保護開始決定　申請却下

②初期

訪問調査
助言・指導

③中期

就労支援

④自立期

就労開始

収入の増加

要否判定　　要

否

保護廃止（自立）

護を適用するのか、または他に取るべき手段があるのかを迅速に判断する必要があります。そのためには相手の話に関心を持ち、**共感を示しながら真摯な姿勢で聴く「傾聴」の姿勢を徹底しましょう。**

　生活保護の申請に訪れる人の相談に応じると、「なぜ、こうなる前に○○しなかった？」「なぜ、そんなことをしたの？」など「なぜ？」と言いたくなることもあります。しかし、そこはぐっと堪えて、「そんなこともあるんだ」くらいの心持ちで**相談者が置かれている状況や立場の理解**に努めましょう。

②【初期】未来につなげる「引き出し力」

　生活保護の開始から概ね３か月くらいまでの初期段階でケースワーカーに求められるのが、未来につなげる「引き出し力」です。

　初回の生活保護費の支給が行われると、被保護者は金銭面の不安から少し解放され、一息つくことができます。この時期に、**今後の目標を設定させる**ことが重要です。

　家庭訪問などの折に「これからどうしたいですか？」と問いかけてみても、すぐに答えが出ないこともあるでしょう。しかし、この段階で被保護者が「どうしたいか」を引き出せれば、次の段階で効果的な助言・支援を行うための手がかりになります。

　ケースワーカーは、保護の開始前後に訪問調査や照会を行っており、被保護者の抱える課題をある程度把握できているはずです。被保護者と共に未来を見据え、課題の発見・共有に努めましょう。

③【中期】口を出す？　出さない？　必要なのは「見守る力」

　生活保護を受けて数か月が経つと、今の環境が被保護者にとっての日常になります。初期段階で「どうしたいか」が明確な被保護者であれば、自ら目標に向かって動き始めます。しかし、初期段階での目標設定が曖昧だと、「どうしたいか」がないまま、生活保護を受けること自体が目的になってしまうケースも見受けられます。家庭訪問をしても、「前回訪問時と大きな変化なし」と訪問記録を書くのにも苦労するようになってしまうと、②に立ち戻り、「どうしたいか」を探る必要が出てきます。

　中期段階では、生活保護法第27条にも定められているように、家庭訪問等の場での助言・指導は最少限にして、**被保護者が必要としたときに適切な助言**ができるよう見守りに努めましょう。

　■生活保護法

　（指導及び指示）
　第27条　保護の実施機関は、被保護者に対して、生活の維持、向上その他保護の目的達成に必要な指導又は指示をすることができる。
　2　前項の指導又は指示は、被保護者の自由を尊重し、**必要の最少限度に止めなければならない。**
　3　第1項の規定は、被保護者の意に反して、指導又は指示を強制し得るものと解釈してはならない。

---

④【自立期】自立した生活を応援する「サポート力」

　生活保護からの自立というと、前出の図表6のように、就労により世帯の収入が増加し、生活保護が不要となる経済的な自立、いわゆる「就労自立」をイメージしがちです。

　しかし、実際には被保護者の高齢化、疾病や障害の固定化など、生活保護を必要としなくなる「自立」が難しいケースも多々あります。そういったケースで相談・申請期や初期に見つけた課題の解決が図られてきたものは、**経済的な自立が達成できていなくても生活面や精神面での自立期に入っていると判断**してよいでしょう。

　自立期に入った被保護者に対して必要なのは、再び課題を抱えないためのケースワーカーの「サポート力」です。生活保護から脱却した後に、再び生活保護を必要になることがないように、活用できる制度などを紹介することです。そのためには他法他施策（生活保護制度以外の法律や施策によって提供されるサービスや支援）などの知識が必要なので、プラスアルファの支援ができるよう、さまざまな施策や制度を知るようにしましょう。

1|5 ◎…生活保護担当 必読の書

▶▶ 生活保護手帳

　『生活保護手帳』（中央法規出版）は、ケースワーカーの必読書（必需品）です。

　生活保護法をはじめとする生活保護を実施するために必要な法令、保護の基準、通知が1冊にまとめられています。ケースワーカーになるとまず手にする1冊ですが、意外とその使い方を知らない人も少なくありません。

　ここでは、生活保護手帳の読み方として押さえておきたい注意点を3つお伝えします。

①「生活保護実施の態度」を頭に入れる

　生活保護手帳の冒頭には、「生活保護実施の態度」が7か条挙げられています。どんな姿勢で仕事に臨むのかという心得であり、ケースワーカーの考え方の基礎になる部分です。必ず頭に入れておきましょう。

②読み物ではなく「辞書」

　生活保護手帳は最初から最後までを順番に読むのではなく、必要になったときに必要な部分だけを読む辞書として使うものです。手の届くところに置き、いつでも辞書を引けるようにしておきましょう。

③次官通知＞局長通知＞課長通知を意識する

　生活保護手帳で一番多くページが割かれている「保護の実施要領」は、

「生活保護法による保護の基準」（**告示**）、「生活保護法による保護の実施要領について」（**次官通知**）、「生活保護法による保護の実施要領について」（**局長通知**）、「生活保護法による保護の実施要領の取扱いについて」（**課長通知**）の４つを混ぜつつ項目ごとに理解しやすいように掲載されています。告示以外の３つの通知は、地方自治法第245条の９第１項及び第３項の「処理基準」にあたり、次のような違いがあります。

図表7　3つの通知の違い

種類	概要
次官通知	個々の項目の「基本的な指針」を示す
局長通知	個々の項目の「運用、取扱方法」を示す
課長通知	局長通知の具体的な解釈や事例を問答で示す

　３つの通知は次長通知＞局長通知＞課長通知の関係に位置付けられています。上位の通知の趣旨・内容を無視して、**下位の通知のみを都合良く拡大解釈しない**よう注意が必要です。

▶▶ 精選 生活保護運用実例集

　『精選 生活保護運用実例集』（第一法規）は、高千穂大学人間科学部教授の大山典宏氏が、全国の都道府県、政令指定都市が作成する生活保護業務に係るルールブックから、東京都、兵庫県、埼玉県、沖縄県、横浜市、熊本市の６都県・市を選定し、具体的な取扱いを問答集として整理したものです。

　生活保護手帳に収録されている課長通知や生活保護手帳別冊問答集の問答と同様に、具体的な解釈や事例が示されています。

　一番の特徴は、判断の難しい事例について自治体独自の取扱いをしている部分を下線で区別しているところです。

　生活保護の現場では、生活保護手帳や別冊問答集だけでは判断が難し

い事例が多数発生します。困難事例に接した時に、小規模の福祉事務所や経験の少ないケースワーカーにとってここで取り上げられている都県・市の判断を参考にできることは業務の大きな力になります。

▶▶ 社会・援護局関係主管課長会議資料

書籍ではありませんが、毎年3月に開催される厚生労働省社会・援護局関係主管課長会議の資料は、ぜひ目を通しておきましょう。

この会議資料は、**生活保護の基準改定に伴う改正を最初に確認できる貴重な情報源**です。年度替わりの慌ただしい時期で、つい制度改正に関わる部分以外は流し読みになりがちですが、新たな社会課題に国がどんな施策を進めていこうとしているのかなども知ることができます。

新年度の制度変更は生活保護手帳に反映されるまで時間がかかります。正確な事務を行うため、制度変更に敏感になるようにしましょう。

▶▶ あなたにとっての必読の書を見つけよう

被保護者が抱える問題は非常に多岐に渡ります。被保護者を支援するケースワーカーにとって、面接技法、医療や介護に関わる知識、相続や金銭問題に関する法的な知識など、学びたいことはたくさんあることでしょう。「これだけは必ず読むべき」という書籍を選ぶのは難しく、むしろケースワーカーごとに必読の書は違うともいえます。

何を学べばよいか悩むよりも、皆さんが現場で困っていること、知りたいと思っていることについて、興味のあるところからつまみ食いでもよいので読んでみることをお勧めします。

その際、生活保護制度だけを捉えた書籍や専門書よりも、初心者や学生に向けて書かれたものを中心に、**まずは浅く広く、大きな範囲で物事をつかむ**ことを意識して選びましょう。そうすることで、自分自身が得意な分野や手法をつかむことができ、次にどう深めていくかを考えることができるようになります。

第 2 章

生活保護担当の心構え

◎…めざすは 「沿道のサポーター」

▶▶ ケースワーカーはコーチじゃない

社会福祉法第15条第4項では、現業を担当する職員（いわゆるケースワーカー）について、「保護その他の措置の必要の有無及びその種類を判断し、本人に対し**生活指導を行う**」と規定されています。さらに、生活保護法第27条の2においても、「要保護者からの相談に応じ、必要な**助言**をすることができる」とされています。

このように、ケースワーカーの重要な業務として、被保護者に対する「指導・助言」が位置づけられています。

ケースワーカーを経験したことがない人は、指導・助言というと、教師やコーチといった職業を思い浮かべがちです。しかし、ケースワーカーが行う指導・助言は、こうした職業の人が行うものとはだいぶ異なります。

生活保護を受けるまでに、被保護者はさまざまな経過を辿っています。その多くはケースワーカーが経験したことのないものです。先生やコーチは自身の経験や知識を伝えていくことができるのに対し、ケースワーカーができる指導・助言は、**被保護者の状態を理解し、課題の解決に向けて自走できるよう考えたり、関係者につないだり、サポートしたりすることが中心**になります。

例えると、マラソンランナーを沿道で応援する「沿道のサポーター」といったところです。思い込みや偏った考えを被保護者に押しつけるようなことがないよう注意しましょう。

▶▶ 「あなたはどうしたい?」と常に問いかける

　では、「沿道のサポーター」として、ケースワーカーはどのように指導・助言をすればよいでしょうか。

　そのポイントになるのが「○○さんはどうしたいですか?」という問いかけです。

　被保護者が抱える課題にはさまざまな要因があります。病気や障害といった身体状況や就労状況のように本人に起因するものもあれば、家庭環境やもっと大きなところでいえば少子高齢化や不況といった社会環境など、本人では対応することが難しいものもあります。

　生活保護を受けたばかりの被保護者は「自分ではどうにもならない」と思っている人も多く、なかなか課題解決への道筋を描くことができません。そこで、ケースワーカーが「○○さんはどうしたいですか?」と問いかけることで、**被保護者は生活保護を受ける目的と課題解決に向けた道筋を少しずつ意識する**ことができるようになります。

　もちろん、すぐに「□□したい」と答えが返ってくることはほとんどありません。しかし、「どうしたいですか?」と常に問いかけることで、皆さんがコーチでなく、沿道のサポーターであることを暗に伝え、被保護者との適切な距離感を保つことができます。ケースワーカーは、被保護者が自分の足で走れるようにサポートする立場であることを理解してもらうのです。

▶▶ 生活保護のゴールは人それぞれ

　生活保護のゴール(目的)は「生活保護からの脱却」と考える人は少なくありません。しかし、被保護者が置かれる状態は人それぞれ違い、生活保護からの脱却が望めない人もいます。

　そんな被保護者にこそ「○○さんはどうしたいですか?」と問いかけることで、ゴールと現在の状況とのギャップを理解してもらい、ゴールに向けて自走できるように支援していきましょう。

2|2 ◎…悩みは抱えず 吐き出す・ 書き出す

▶▶ ケースワーカーに求められるたった1つのこと

　生活保護の仕事をうまくこなすためのコツは、「悩みを吐き出すこと」です。ケースワーカーになったばかりであれば、なおさらです。

　いろいろな仕事がある役所の中でも、特に**ケースワーカーは課せられた仕事を1人で抱え込んでしまう**傾向があります。担当制を採っていることもありますが、被保護者をしっかりと支援しようとすると、濃密な対人関係を築くことになるからです。他の窓口業務であれば、その場限り、その人限りということが多いものの、ケースワーカーは、生活保護制度に限らずさまざまな制度・施策を使って、被保護者の家族や周囲で関わる人との関係を構築し、連携を図る必要があります。

　また、ケースワーカーは被保護者の資産関係、扶養関係、身体状況など重要な個人情報を取り扱いますが、**これらを漏らすようなことは厳禁**です。仕事がうまくいかなくても、家族に相談することが難しく、お酒の勢いに任せて居酒屋で愚痴を漏らすこともできません。

　真面目に仕事をすればするほど、1人で抱えているものが増え、気づかないうちに心身の疲労が溜まっていきます。私自身、それほど抱え込んでいる実感はなかったにもかかわらず、寝言で被保護者に強い口調で指導していたと妻から聞いて驚いたことがあります。

　わからないこと、難しいこと、辛いことを抱え続けると、仕事だけではなくプライベートにも影響を及ぼします。悩みを抱えず吐き出して、心身の健康を保ちましょう。

▶▶ 書き出すのが「吐き出す」の最初の一歩

悩みは口に出して吐き出すのではなく、書き出すことから始めましょう。

まずはノートを1冊用意してください。どんなものでもOKですが、普段から使っているスケジュール帳やノートとは別にしてください。そこに仕事をする中でモヤっとしたこと、感情的にネガティブになったことがあれば、**その日のうちに書き出しましょう**。後で見返したり、解決策を考えたりするためのノートではなく、書くためだけのノートです。

書き出すことで、自分がどんなことを感じていたのか、どんな影響を受けていたのかを知ることができます。文字にすることでそれが解消されるわけではありませんが、放置すると蓄積されてしまう悩みや負担を少ないうちに発散することができます。**解決策を求めるのではなく、自分の中にとどめず、外に出してしまうことが「吐き出す」の最初の一歩**です。

▶▶ 仕事は「見える化」すると楽になる

具体的な仕事も「書き出す」ことが大切です。生活保護の仕事は終わりが見えにくいものです。担当する被保護者ごとに課題があり、1回の面接や1枚の書類を処理するだけで終わりません。そのため、つい「また明日」と思って形だけ1日の仕事を終えようとすることがあります。

例えば、家庭訪問が長引いて**「訪問記録は翌日に」**とか、保護変更の処理を数人分だけ残して**「また後で」**と先送りしてしまうことがあります。「家庭訪問は終わった」「○件は入力できた」と、本当は未完了なのに区切りをつけた気になってしまうと、翌日に内容を思い出すのに時間がかかったり、他の仕事を優先して入力を後回しにしてしまいがちです。

そうならないために、翌日の自分のためにも、**未完了の仕事は「見える化」**する習慣をつけましょう。

簡単なのは、**付箋紙に書き出して貼っておく**ことです。終業前の30分で翌日以降の自分自身への引き継ぎ事項を付箋紙に書いてノートに貼

り、翌日そのノートを見返して自分からの引き継ぎを受けるのです。

　その日残った仕事は付箋紙に書き出し（吐き出し）て、プライベートな時間に持ちこまないようにしましょう。

図表8　翌日の自分への引き継ぎ付箋の書き方

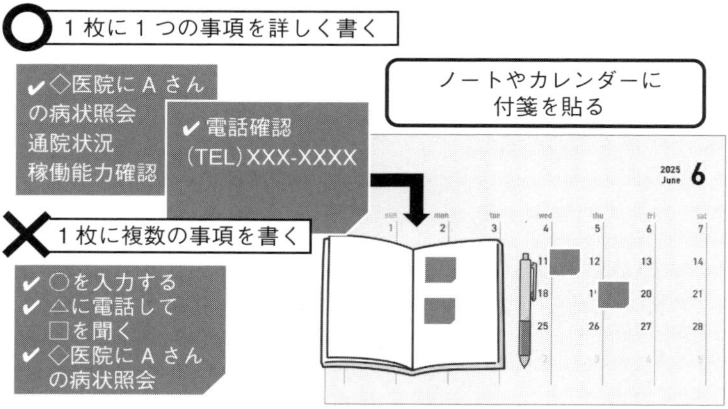

2 / 3 ◎⋯ケースワークは チームワーク

▶▶ 頼れる仲間がきっといる

　困ったときは、周りの同僚ケースワーカーやSV（スーパーバイザー、査察指導員）にしっかりと頼りましょう。

　ケースワーカーの仕事は自分1人でこなさなければいけないことも多いのですが、周りに頼れる仲間がいると気持ちも楽になります。

　処遇困難な被保護者の家庭訪問や面接に同行してもらったり、判断の難しい事例にあたったときにケース診断会議を開催して意見を聞いたりして、ケースワーカー個人の判断ではなく、福祉事務所という1つの組織の判断としてケースワークを進めることが大切です。

　自分1人の経験や知識を駆使しても、被保護者への支援は十分ではありません。自分よりも経験があって、自分とは違う知識を持つ同僚や上司の力も合わせてチームワークで乗り切りましょう。

▶▶ 「悩みを吐き出す」のもチームワーク

　「一方的に同僚や上司に頼るばかりでは、チームワークとはいえない」と思う人もいるかもしれません。ですが、1年目のケースワーカーであれば、あまり気にせずにどんどん吐き出してください。

　なぜなら、同僚ケースワーカーは皆さんが抱える課題・悩みへの対処法を知っていても、あなたがどんな課題・悩みを抱えているかを知ることは難しいからです。それぞれ担当している被保護者が違うということは、ケースワーカーが抱える課題や悩みも大きく異なります。自分が抱えるものをしっかりと吐き出すことで、同僚はそれにアプローチするこ

とができます。

　つまり、「**言わなければわからないし、言うことで初めて助けてもらえる。だから遠慮せずに吐き出そう**」ということです。同僚・先輩に悩みを吐き出すこともある意味１つのチームワークだと捉えて、次のような点に注意して吐き出してみましょう。

①悩みは溜めずにすぐ吐き出す

　自身で消化できない悩みは、できるかぎり早く言葉にしましょう。同僚や周りの人からのサポートは早いに越したことはありません。

②感情を抑制しすぎない

　無理に感情を抑え、理路整然と話をしようとしなくても大丈夫です。感情のまま愚痴のように話しても、同じケースワーカーであれば何に困っているのか理解できることが多いはずです。

③困難な事案の情報を共有する

　チームで対応するには、メンバーと情報を共有していることが大切です。困難な事例こそ周りにしっかりと知ってもらいましょう。

　１年目のケースワーカーがしっかりと悩みを吐き出して、周りがそれをしっかりと支える。そんなチームワークで生活保護現場は支えられています。悩みを共有する姿勢は、周囲に相談しやすい雰囲気をつくるきっかけにもなります。皆さんが吐き出すことで、周りもまた悩みを打ち明けやすくなり、**互いに支え合える関係**が生まれます。別の部署に異動になったとしても、その関係は引き続きあなたの力になります。ぜひ、そんな関係を築いてください。

2|4 ◎…他法他施策を学ぶ

▶▶生活保護と他法他施策の関係を学ぶ

　ケースワーカーが被保護者を支援するためには、生活保護に加えて他法他施策を活用することが欠かせません。他法他施策とは、**生活保護法以外のあらゆる法律や社会保障制度、援助など被保護者の助けになるものすべて**をいいます。

　生活保護は「最後のセーフティネット」とも呼ばれるように、さまざまな社会保障や援助というセーフティネットでも支えきれない人々を最後に受け止めるための制度です。そのため、生活保護による支援は、「他の法律に定める扶助は、すべてこの法律（生活保護法）による保護に優先して行われる」（生活保護法第4条第2項）とされています。これを**補足性の原理**といいます。

　生活保護に優先する他法として、「局長通知」の第6では40の法律が「特にその活用を図る」ものとして例示されています。生活保護の適用にあたっては、先にこれらの法律により被保護者を支援できないかを確認するようにしましょう。

▶▶仕事の範囲外と思わない

　「局長通知」第6で取り上げられている法律に基づく制度や施策は、生活保護を担当している部署とは違う窓口で取り扱われています。だからといって自分の仕事の範囲外だと思ってしまうと、活用できる他法他施策を見逃してしまいます。

　被保護者が抱える課題が、生活保護制度だけで解決につながることは

ほとんどありません。**生活保護制度単体ではなく、他法他施策を含めて被保護者を支援する広い視点を持ちましょう。**

とはいえ、生活保護制度以外のあらゆる制度・施策が他法他施策に含まれるといわれると範囲がとても広すぎて、どこから手をつければよいか悩んでしまいます。そういう人は、興味のあるところ、目の前の被保護者に必要だと思うところからつまみ食いで学んでいくことが大切です。わからないことを「学ぶ」ことで、被保護者に対する支援策の幅が広がっていきます。

▶▶▶ 経験を活かして、経験をつなげる

ケースワーカーの仕事は今までの経験が生きる仕事です。例えば、住民登録や戸籍業務に従事した経験があれば、被保護者の家族関係をスムーズにつかめたり、相続問題などの理解につながったりします。介護保険や障害者施策に携わった経験があれば、ヘルパーの派遣などケースワーカーだけでは支援できないサービスをすばやく提供することができるでしょう。

たとえこうした経験がなかったとしても、わからないことがあったときに、**「なんとなくわかる」くらいでかまわない**ので、被保護者に必要な知識を学び活用できるようにしましょう。本を買って読むのであれば、その分野の1年目や2年目の初心者を対象にした、図解などを多用した入門書を選ぶのがよいでしょう。

一度に1つのことを深く学ぶのではなく、**必要に合わせて少しずつ学んでいく**、そして、実地で経験を積んで、足りない部分は詳しい人につないでいくようにしましょう。そんな経験を繰り返していくことで、ケースワーカーとしての力がついてきます。

第 3 章

生活保護の開始

3 | 1　◎…相談者が話しやすくなる面接の作法

▶▶受付面接はこちらも緊張する

　生活保護の申請を受け付ける最初の面接（受付面接）は、窓口を訪れる相談者はもちろん、相談を受けつけるケースワーカーも、少なからず緊張します。

　相談者は今どんな状況で、どんなことを相談されるのか、緊急性は高いのか──。話してみないとわからないとはいえ、面接室に足を踏み入れる瞬間はどうしても緊張しますが、できるだけ自然体で面接に臨めるよう準備することを心がけてください。

　緊張を和らげる方法はいろいろありますが、大きな声を上げたり大げさな動作をしたりするのは、相手に威圧感や不快感を与えかねないので控えましょう。お勧めなのは、目元や首筋を軽くマッサージしたり、両手の指を1本ずつ逆の手で順番に握ったりして、体をほぐすことです。この他でも、直前に行っていた仕事から気持ちを切り替えることができるさりげない動作であれば、何でもOKです。

　ときには長時間の面接になることもあるため、面接室に入る前に軽く水分を摂っておくことも大切です。

▶▶座る位置だけで印象は変わる

　多くの場合、受付面接は相談者のプライバシーに配慮して、他の人の目に触れない面接室などを用意します。個室がない場合でも、背の高いパーテーションで区切られ、他の来庁者から離れた場所で面接するようにしてください。面接室が使用中で埋まっているからといって、オープ

ンカウンターでの面接は避けましょう。

　面接室に相談者を招いたら、次は座る位置に注意しましょう。ケースワーカーが座る位置としては次の３つのスタイルがあります。

図表9　面接における３つのスタイル

名称	座る位置
対面法	相談者とケースワーカーが向かい合って座る
直角法	四角のテーブルのコーナーに90度の位置で座る
平行法	相談者とケースワーカーが横に並んで座る

　相談者が話しやすいスタイルとして、お互いの視線を直接合わせる必要のない直角法が挙げられます。目を合わせたいときには相手側に顔を向ければよいですし、逆に目を合わせたくないときは、自然に前を向いていれば視線を外すことができます。

　しかし、直角法は最初の状態では目を合わせないため、生活保護の窓口での受付面接には適しません。適度な距離感がないうえ、目線が合わないことで対話に違和感が生じ、「話を聞いていないのではないか」と思われてしまうおそれがあるからです。そのため、**受付面接は対面法で行うのがよいでしょう**。

　対面法といっても、真正面で対峙すると、相談者が威圧感を抱いてしまうため、ケースワーカーは相談者の少し斜め前に座ります。

図表 10　対面法による受付面接

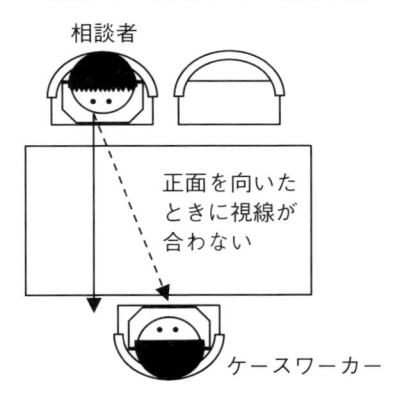

相談者

正面を向いた
ときに視線が
合わない

ケースワーカー

相談者が真っ直ぐ前を見たときに、ケースワーカーの視線を避けられるようにするのと同時に、ケースワーカーの視線を自然に感じられ、「私の話を聞いてくれている」と認識できるポジションです。

　座る位置を決めるところから面接は始まっています。相談者に良い相談相手と思ってもらえるよう、こうした心配りを忘れないようにしましょう。

▶▶ ノンバーバルコミュニケーションを意識する

　相談者に良き相談相手として認識されるためには、言葉を使わずに意思を伝えるノンバーバル（非言語）コミュニケーションが重要です。

　アメリカの心理学者アルバート・メラビアンによる「話し手が聞き手のどのような情報に基づいて影響を受けるのか」という実験によれば、**言語情報、聴覚情報、視覚情報が一致していない（矛盾している）場合、いわゆる会話の内容などの言語情報が相手の判断に与える影響は７％しかない**とされています。相談者が見たり聞いたりすることがその後の対応に大きな影響を及ぼします。

図表11　ノンバーバルコミュニケーションの種類

要素	内容
視覚的な要素	表情や服装などのほか、面接室の装飾など目に入るもの。話を聞く姿勢や態度、ジェスチャーなどのボディランゲージなど
聴覚的な要素	声の大きさや話の速さ、抑揚、トーン、面接室の静かさなど

　生活保護の窓口での相談は、金銭面や生活面、医療や介護の困りごとなど、他人に話しにくい内容も多く、面接時間も長くなります。聞き手となるケースワーカーはノンバーバルコミュニケーションを意識することで、相談者が話しやすい環境を整えます。

　自然と出てしまうボディランゲージは特に注意が必要です。

　例えば、メモを取ることばかりに気を取られて目を伏せていると、相談者の話についていけなくなったり、相手の不安感を煽ってしまったりします。メモを取ることよりも、「相談者の話に頷く」「ワンパターンに

ならない相づちを打つ」などの心配りをするほうが、相談者は話しやすいと感じるでしょう。

▶▶▶ 同行者がいても、本人の意思を必ず確認する

生活に困った本人ではなく、周囲の方がその人を連れて生活保護の窓口に相談に訪れることもあります。同居していない家族や親族のほか、民生委員や町内会など地域で相談者と付き合いのある人、弁護士やその地域の議員などが相談を受けて窓口に一緒に来ることもあります。

こうした同行者は、生活保護の窓口に相談に来るまでに相談者の困りごとを把握していることも多いため、相談者本人のみと面接するよりも詳しい情報を得られるかもしれません。

同行者が受付面接に同席することを希望した際は、必ず相談者本人の意向を確認しましょう。相談者には、**その同行者には知られたくない秘密**があるかもしれません。受付面接の場では、抱えている病気の内容など、本人のプライバシーに立ち入る質問をすることもあります。相談面接に入る前に、必ず相談者本人に、同行者が面接室に同席してもかまわないかを確認しましょう。

あらかじめ相談者の事情を知っていることは強みではありますが、**あくまでもケースワーカーが対応すべきは相談者本人**です。生活保護の申請には同行者ではなく、本人の意思確認が必要です。同行者の話を鵜呑みにせず相談者本人に向き合って面接をしましょう。

■生活保護法

（申請保護の原則）

第7条　保護は、要保護者、その扶養義務者又はその他の同居の親族の申請に基いて開始するものとする。但し、要保護者が急迫した状況にあるときは、保護の申請がなくても、必要な保護を行うことができる。

3｜2 ◎…受付面接で 聞くこと・ 聞かないこと

▶▶ 受付面接で聞いておきたい相談者に「ない」もの

　受付面接で聞くべきことは多岐に渡りますが、基本的には相談者の言葉を遮らず、まずは傾聴の姿勢を心がけて対応します。

　その際、気に留めておきたいのは相談者に「ない」ものです。生活保護制度は、「最低限度の生活を保障」するのが目的です。相談者に足りていないものに注目して、面接の中で深掘りしていくことで、すぐに対応しなければならないことが見えてきます。

図表 12　相談者に「ない」ものの例

種類	内容
お金	お金そのものが「ない」ことよりも、何のためのお金が「ない」のかを深掘りする
食べ物	緊急性が高い「ない」ものの 1 つ。フードバンクや災害備蓄の提供など、対応法をあらかじめ用意しておく
住居	住居をすでに失っているのか、失いそうなのかによって対応が異なる。一時的な滞在地の確保などの対応が必要な場合もある
相談相手	家族関係の問題や、抱えている問題の相談先がわからない場合、問題の整理から始める必要がある

　相談内容によっては、生活保護ではなく他の制度により対応すべきこともあります。複合的な要素が入り交じっているときにこそ、「ない」ものとその対応策をきちんと整理できるようにしましょう。

▶▶保護の申請段階で「指導」してはいけない

　受付面接でやってはいけないことが1つあります。それは、相談者への指導です。なぜなら、生活保護法第27条に基づく指導や指示は、すでに生活保護の受給が決まった「被保護者」に対して行うものだからです。

■生活保護法

（保護の補足性）

第4条　保護は、生活に困窮する者が、その利用し得る資産、能力その他あらゆるものを、その最低限度の生活の維持のために活用することを要件として行われる。

2　民法（明治29年法律第89号）に定める扶養義務者の扶養及び他の法律に定める扶助は、すべてこの法律による保護に優先して行われるものとする。

3　前2項の規定は、急迫した事由がある場合に、必要な保護を行うことを妨げるものではない。

（指導及び指示）

第27条　保護の実施機関は、**被保護者に対して**、生活の維持、向上その他保護の目的達成に必要な指導又は指示をすることができる。

2・3　（略）

　特に気をつけたいのは、受付面接の段階で生活保護法第4条に定める保護の補足性を根拠に「仕事ができるのであれば、求職活動をしなさい」「家族など扶養義務者に扶養を求めてください」などと口にしてしまうことです。

　生活保護の申請に必要な書類の提出を求めることや相談者の現状を確認することと、解決に向けた「指導・指示」を行うことは違います。**生活保護を決定し、相談者が被保護者となるまでは「指導・指示」はできないことを理解して**、速やかに生活保護の申請受付を進めましょう。

3｜3 ◎…保護申請から決定までは「なるはや」で行う

▶▶ 生活保護の決定は申請後14日以内が原則

生活保護の申請があれば、その日を起点に14日（特別な理由がある場合は最長30日）以内にその要否を決定し、書面で通知しなければなりません。**申請者は生活に困って申請をしている**ため、14日と言わず、なるべく早く――「なるはや」で決定できるよう、迅速な処理を心がけましょう。

短い期間で生活保護の適用が必要かどうかを判断するためには、何を優先させるかを考えて処理する必要があります。ここでは、14日間の中で優先して行うべきものを説明します。

▶▶ 14日以内に必ず行うこと、そうでないこと

生活保護の申請から14日間で、ケースワーカーは生活保護が必要かどうかに加え、必要と判断した場合には、「種類と程度」、つまり**生活保護費のどの扶助がいくら給付されるのか**を決めなければいけません。

制度で定められた最低生活費の基準に対し、相談者がどれくらい不足しているかを把握する必要がありますが、14日間では調べきれないからといって、「特別な理由がある場合」の30日間をタイムリミットにしているケースワーカーがたまにいます。しかし、ほとんどの申請者は生活できるギリギリの状態で窓口に訪れているため、生活保護による支援が必要であれば、**できるかぎり早く保護の決定を行うことが大切**です。

そのためには、次のとおり14日間以内に必ず行うこと、そうでないことを分けて、期間内にできる範囲で確認し、保護の決定を行いましょう。

図表 13　申請時に確認・調査が必要なこと

14日間以内に必ず行うこと	一部は保護開始後でもかまわないこと
①申請書類の記載内容の確認 ②家庭訪問	③他法他施策の活用の検討 ④資産調査 ⑤扶養援助照会 ⑥病状・稼働能力の把握 ⑦その他生活保護法第29条に定める照会

①申請書類の記載内容の確認

　生活保護の申請は原則、書類の提出によるものとなっており、その内容も決められています。福祉事務所ごとに申請書類の様式は異なりますが、まずはその書類に不備がないか、すべて提出されているかを確認しましょう。

　また、預貯金額であれば預貯金通帳や入出金明細、家賃額であれば賃貸契約書等、生命保険や損害保険があれば契約書等、保護の程度（生活保護費の額）を決定するために必要なもので申請者が持っているものは提出を求めます。ただし、提出がなく申請書に書かれたことを確認できなくても、**保護の決定は申告者の申告の通りで判断**します。その場合、申告と異なる事実がわかれば、生活保護費の返還が発生することもあることを必ず説明しておきましょう。

■生活保護法

　（申請による保護の開始及び変更）

第24条　保護の開始を申請する者は、厚生労働省令で定めるところにより、次に掲げる事項を記載した申請書を保護の実施機関に提出しなければならない。ただし、当該申請書を作成することができない特別の事情があるときは、この限りでない。

一　要保護者の氏名及び住所又は居所

二　申請者が要保護者と異なるときは、申請者の氏名及び住所又は居所並びに要保護者との関係

三　保護を受けようとする理由

四　要保護者の資産及び収入の状況（生業若しくは就労又は求職活動

の状況、扶養義務者の扶養の状況及び他の法律に定める扶助の状況を含む。以下同じ。）

　　五　その他要保護者の保護の要否、種類、程度及び方法を決定するために必要な事項として厚生労働省令で定める事項

　2　前項の申請書には、要保護者の保護の要否、種類、程度及び方法を決定するために必要な書類として厚生労働省令で定める書類を添付しなければならない。ただし、当該書類を添付することができない特別の事情があるときは、この限りでない。

　3　保護の実施機関は、保護の開始の申請があつたときは、保護の要否、種類、程度及び方法を決定し、申請者に対して書面をもつて、これを通知しなければならない。

　4　前項の書面には、決定の理由を付さなければならない。

　5　第3項の通知は、申請のあつた日から14日以内にしなければならない。ただし、扶養義務者の資産及び収入の状況の調査に日時を要する場合その他特別な理由がある場合には、これを30日まで延ばすことができる。

　6〜10　（略）

②家庭訪問

　保護の決定の前に初回の家庭訪問を行い、居住環境や普段の生活状況を確認します。**最初の受付面接は、申請者にとってアウェイの環境**です。申請者のホーム（余計な緊張感のない環境）で生活保護制度の詳細な説明をします（詳しくは次項参照）。

③他法他施策の活用の検討

　生活保護以外の制度や施策の活用も並行して検討します。「食べるものがない」「寝泊まりする場所がない」「水道や電気・ガスを止められている」といった**ライフラインの不足に対しては、生活保護の決定を待たずに対応**しなければなりません。

　保険料や公共料金の減免など申請者の支出を減らす手続きを活用することで、生活保護を必要としない場合もあります。しかし、支出の軽減により生活保護を必要としないくらいに生活が改善できる場合以外は、

利用できる施策・制度をピックアップしましょう。**14 日以内に間に合わなければ活用を検討する段階でかまいません。**

④資産調査

主に預貯金などの申請者の資産は、生活保護の程度（支給する生活保護費の額）に影響します。しかし、金融機関などへの調査が 14 日以内に完了することは稀です。この 14 日間ですべきことは、**申請者の申告を信じて、確認できる範囲で保護の要否を判断すること**です。もし、申告が誤っていた場合は、後に修正を求め、生活保護法第 63 条に基づき過支給となった生活保護費を返還させることができます。

⑤扶養援助照会

申請者の扶養義務者（民法第 877 条第 1 項及び第 2 項に定める 3 親等以内の親族）による扶養は保護に優先して行われます（生活保護法第 4 条第 2 項）。ただし、保護の「決定」に優先して行われるものではありません。扶養義務者がいて扶養が期待できる場合は、申請者との関係性を探り、扶養義務の履行を検討しますが、**この 14 日間では戸籍の調査を始めて、親族関係の把握に着手するだけで十分**です。

⑥病状・稼働能力の把握

主に病気を理由に働けず、生活に困って申請があったケースでは、病気の程度や仕事ができる状態か（**稼働能力があるか**）を調べることが必要になります。しかし、生活に困っていること（現状）と病気で働いていないこと（課題）は別問題です。保護の決定にあたっては課題の追求や解決はいったん横に置いて、やるべきことに注力しましょう。

⑦その他生活保護法第 29 条に定める照会

申請書類に基づき、生活保護法第 29 条による照会を生命保険会社や雇用先に求めることがあります。こちらも資産調査と同様に、回答が 14 日以内に間に合わなくても、申請者の申告をもとに判断したり、調査に着手する段階で 14 日目を迎えたりしても問題ありません。

▶▶▶ 14日間で必要なのは申請者の現状把握

　生活保護の申請から決定までの14日間ですべきことは、申請者の抱えるすべての課題の解決ではありません。最低限度の生活が損なわれている申請者の「**現状把握**」と直ちに必要な「**応急処置**」です。そのためには、生活保護の要否をすばやくかつ可能なかぎり正確に決定し、次の段階に移行しなければなりません。

　被保護者は、必ずしも14日間耐えられる環境にあるとは限りません。そのため、**保護の決定後に対処できるものの優先度は下げて、絶対に必要であることに注力するのが最良の手段**です。

　前項で述べたとおり、生活保護を開始し、申請者が被保護者とならないかぎり、生活保護法第27条にいう指導・指示はできません。課題の解決は保護の開始後に行うこととして、まずは現状把握に留めましょう。

　収入や資産、扶養義務者による扶養の可否など、生活保護の程度（支給する生活保護費の額）に影響する調査も、申請段階と保護の開始後では重要度が異なります。完璧な確認ではなく、申請・申告に基づいて保護の決定を判断するようにしましょう。

3|4 ◎…初回家庭訪問で尋ねること・見ること

▶▶ 初回家庭訪問で尋ねるべきことを書き出す

　生活保護の申請を受けると、初回の家庭訪問を行います。申請時の面接と担当者が異なる場合もあり、その場合は、この家庭訪問がケースワーカーにとって申請者とのファーストコンタクトになります。

　福祉事務所での受付面接は、主に相談者の話を聴くことに注力しましたが、家庭訪問ではまず**生活保護の決定に関わる事項**を、次に**申請者が抱える課題**を、申請に基づいて尋ねることが必要です。

　そのため、家庭訪問を行う前に、申請書類や申請時の面接記録を確認しておきましょう。保護の要否・程度の決定にあたって必要な情報はきちんと聞き取れているか、聞き取った内容でわからない部分はないか。小さなことでも良いので、気になることがあればすべて付箋に書き出します。

　このとき、**付箋１枚につき質問・確認事項は１項目**にします。また、**聞き取り内容の重要度別に付箋の色を変える**とよいでしょう。

図表14　付箋の色とその種別例

付箋の色	貼るべきポイント
赤（ピンク）	申請時に聞き漏らしていることや、保護の決定にあたって確認する必要のあること
黄	もう少し申請者に詳しく聞きたいこと
青（水色）	その他、気になったこと

　書き出した付箋は、申請書類や面接記録の関係する場所に貼り、初回の家庭訪問で持参します。付箋に書いた順に質問をしていくと、聞き漏

らしを防ぐことができます。

　質問をしたら、付箋を貼っていた書類から剥がし、持参したノートなどに貼り替えます。付箋の近くに、聞き取り内容をメモしておけば、質問（付箋）と回答（メモ）をセットで残せるので、家庭訪問の記録を作成する際に役立ちます。

図表15　聞き取り事項のピックアップ付箋の使用例

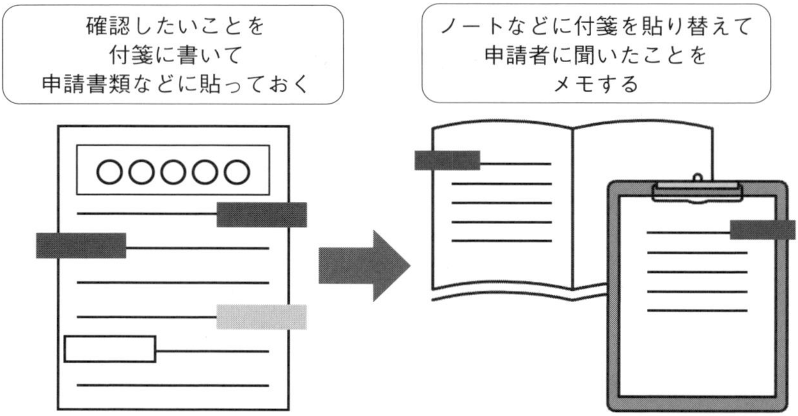

確認したいことを
付箋に書いて
申請書類などに貼っておく

ノートなどに付箋を貼り替えて
申請者に聞いたことを
メモする

▶▶ 家庭訪問でまず見るべきは「水回り」

　家庭訪問では、申請者の居住実態を確認します。間取りを確認したり、エアコンや防寒設備、布団など、その住居で生活するうえで不足しているものがないかも見たりします。

　その他に、特に初回の家庭訪問で見ておきたいのは**キッチンや浴室、トイレ、洗面所**などの水回りです。汚れているかどうかだけではなく、使用しているかどうかを確認することで、申請者が普段の生活で抱えている問題に気づくことができます。

　例えば、キッチンの流し台（シンク）が使われている様子がなければ、普段の食事について尋ねましょう。外食やコンビニ弁当などですませてしまっている、あるいはお金がなくて食べていない場合もありえます。ときには、同居していない家族や周りの友人・知人との交流状況をつか

むこともできます。

　トイレや浴室は、じっくり見ることをためらいがちですが、初回の保護開始時の家庭訪問だからこそ、可能であれば間取りなどの確認と合わせてチェックしましょう。**使っている形跡がなかったり、ひどく汚れていたりしたら、生活面でのサポートが必要な状態**かもしれません。介護保険や障害福祉サービスの利用を検討する材料にします。

▶▶▶ ルール説明は丁寧に行う

　家庭訪問では、生活状況の質問や居住実態の確認など、行うべきことがたくさんありますが、生活保護制度の概要、またいわば守るべきルールは、少し時間をかけて説明しましょう。

　生活保護の相談から申請、保護の決定までは「指導・指示」はできませんが、保護を決定する前に、申請者に改めて生活保護とはどんな制度で、どんなことを目的にしているのかを伝えておく必要があります。

　多くの福祉事務所では「生活保護のしおり」などの名前のちらしや小冊子を作成しています。こうした資料を使って、申請者にわかりやすい言葉で説明しましょう。

　特に、**収入があった場合は少額であっても必ず申告すること**（生活保護法第61条）は、丁寧すぎるくらいでよいのでしっかりと説明してください。生活保護の程度を量るために必要なだけでなく、**多くの不正受給は意図的な収入申告漏れから発生**します。その予防のためにも、きちんと理解してもらいましょう。

■生活保護法

（届出の義務）

第61条　被保護者は、収入、支出その他生計の状況について変動があつたとき、又は居住地若しくは世帯の構成に異動があつたときは、すみやかに、保護の実施機関又は福祉事務所長にその旨を届け出なければならない。

▶▶「○○さんはどうしたいですか?」と必ず尋ねる

　1-4や2-1で述べたとおり、申請者には必ず「○○さんはどうしたいですか?」と尋ねましょう。

　生活保護を申請する人は、生活に行き詰まり、どうしたらよいかわからない状態に立たされています。ともすれば、生活保護を受けて生活費を受け取り、病気を治療して、介護や障害福祉サービスを受けられればそれでよい――。つまり、**生活保護の受給自体が目的になってしまう人**もいます。

　しかし、生活保護制度は最低限度の生活の保障と自立を助長することが目的です。自立=生活保護を受けなくても済むことだけではありません。行き詰まった生活をどう立て直していくのか。そして、その先にどういった未来を思い描いているのか。このことを申請者自身が考えられるようにしていくことを常に意識して、「どうしたいですか?」と投げかけるようにしましょう。きっと、**申請者の口から出てくるリアルな言葉や思いが、ケースワーカーが援助していく方針になっていく**はずです。

▶▶「援助・支援」を意識して関係を築く

　初回の家庭訪問の締めくくりに、ケースワーカーとはどのような仕事なのかを相談者に伝えます。

　ケースワーカーが被保護者にとっての「沿道のサポーター」であり、善良な相談相手であることを伝えられれば完璧です。

　「私にもわからないことはありますが、○○さんの目標のためにわからないことがあれば尋ねてください」などのように、面接で話したことを盛り込み、面接前よりも少しだけ近い距離感を感じられるように呼びかけます。「指導・助言」よりも「援助・支援」を意識して、申請者と良い関係を築きましょう。

3|5 ◎…保護開始時に注意する３つのポイント

▶▶ 保護の開始に向けて情報を整理する

　家庭訪問が終われば、保護の決定（開始）に向けて、事務処理を進めます。申請者から聞き取った内容や提出された申請書類を整理して、生活保護が必要かどうかをケースワーカーが判断しなければなりません。

　ここまでに集めた情報は、次の表のとおり多岐に渡ります。

図表16　申請者から集める主な情報

項目	概要
世帯構成	世帯人数や家族構成
申請理由	生活が困窮するようになった経過、原因
身体状況	病状や介護・障害の程度など生活を困難にする課題
収入・支出	年金やその他の扶助による収入。家賃や公共料金など固定の支出のほか負債の状況も含む
就労状況	就労中でなければ、求職活動の状況も含む
居住実態	家庭訪問により確認できる居住環境やそこでの生活実態
交友関係	同居しない家族や親族との関係性。近隣住人との交流状況
他法他施策	介護や障害福祉サービスなど他法他施策の活用状況

　これらの情報を所定の記録様式に記入したり、システムに入力したりするのですが、この段階は「**保護開始の決定に必要な情報**」と「**申請者（世帯）を知るための情報**」が混在しています。

　保護の決定に必要な情報とは、「最低限度の生活を保障する」生活保護費の額を決めるための世帯構成や収入・支出などの情報です。申請者を知るための情報は、保護開始後で具体的な支援に必要になってきます。スムーズに生活保護の決定ができるように整理しましょう。

図表17　相談から保護費支給までのフローチャート

```
┌──────────────────┐
│   相談・受付面接   │
└──────────────────┘
          │
          ▼
┌──────────────────┐                    並行して行う
│     申請受付      │──────────────────────────┐
└──────────────────┘                          ▼
          │                          ┌──────────────────┐
          │                          │     要件等調査    │
          ▼                          └──────────────────┘
┌──────────────────┐                          ┊
│ 実地調査（家庭訪問）│                          ┊
└──────────────────┘                          ┊
          │                                    ┊
          ▼                                    ┊
┌──────────────────┐◁╍╍╍╍╍╍╍╍╍╍╍╍╍╍╍╍╍╍╍╍╍╍╍┘
│     情報整理      │
└──────────────────┘      ● 間に合う情報だけで
          │                  判断する
          ▼
┌──────────────────┐
│     要否判定      │
└──────────────────┘      ● 算定根拠を正しく理解する
          │
      要  ├────────────┐ 否
          ▼              ▼
┌──────────────────┐  ┌──────────────┐
│   保護開始決定    │  │   申請却下    │
└──────────────────┘  └──────────────┘
          │
          ▼
┌──────────────────┐
│   生活保護費支給   │
└──────────────────┘
          ● 援助方針を伝える
```

▶▶間に合わないことは未来の自分に引き継ぐ

　家庭訪問から生活保護の開始までに気をつけたいポイントが3つあります。その1つが、**調査の結果を待ちすぎない**ということです。

　ケースワーカーは、生活保護の開始にあたり、預貯金、年金、手当等の受給の有無や可否、傷病等の状況をふまえた就労の可否、扶養義務者の状況及び扶養能力等、保護の要件について調査を行います。これらは、生活保護の程度を決めたり、生活保護からの自立をめざすために必要で

すが、生活保護の開始を決定するために「絶対に必要なもの」ではありません。

　申請からの14日間でデッドラインを引いて、「これは生活保護を開始した後の仕事」として判別し、未来の自分に引き継ぐ判断が必要です。

　この場合、調べ切れていない部分については、申請者の申告がすべて真実で正確であるという前提で生活保護の要否、程度を判断しましょう。

▶▶ 正しく生活保護費を算定し、算定根拠を記す

　2つ目のポイントは、**正しく生活保護費を算定する**ということです。

　生活保護費の算定はシステムで行う場合が大半かと思いますが、数値等を入力するのはあくまでもケースワーカーです。

　被保護者の年齢を間違えれば支給される生活扶助額の算定が狂うことがありますし、自動で算定できないさまざまな加算については、ケースワーカーが入力しなければ支給されません。

　開始時の入力は、その後、変更がないかぎり見直すことがあまりないため、最初に間違ってしまうとしばらく間違いに気づけません。生活保護費を多く支払いすぎていれば返還を求めなければいけませんし、もし支給漏れがあれば、謝罪や追給（後から追加して支給する）など諸々の作業が増えてしまいます。

　こうした事態を防ぐためにも、保護開始時の記録には、**保護費を算定する根拠とその金額を記録し、目に見える形で確認**できるようにしましょう。また、入力漏れを防ぐために福祉事務所内でチェックリストなどを作成しておくとよいでしょう。

▶▶ 被保護者に援助方針を伝える

　生活保護の決定にあたっては「保護の要否、種類、程度及び方法」を書面で交付することとされています。支給される生活保護費の額、支給日が申請者にとって一番知りたい情報ですが、保護開始のこのタイミングで必ず「援助方針」についても伝える時間をつくりましょう。

生活保護費を窓口での手渡しで支給する場合はそのときに、そうでないのであれば保護決定通知書の交付に合わせて臨時の家庭訪問を行うなど、可能であれば再度面接する機会を設けてください。

　援助方針というと、「就労指導」や「療養指導」「稼働能力の活用」といった端的な言葉で示されることが多いものの、これは分類上のラベルに過ぎません。**大切なのは、その次に続く具体的な目標や行動です。**

　「就労指導」であれば、「就労支援員のサポートを受けながら、十分な収入が得られる仕事を探す」「病気の治療と並行して、短時間のパートを探す」など、同じ「就労指導」でも申請者の状態や能力に応じた目標設定が必要です。申請者に尋ねた「○○さんはどうしたいですか？」から導いたリアルな声をもとにして援助方針を共有しましょう。そして、**生活保護を受けることは目的ではなく、次のステップに進むための手段**であることを意識してもらうことが大切です。

▶▶▶14日間の振り返り

　保護申請から決定までの14日間（もしくは30日間）は、窓口で相談を受けているときや、生活保護を開始して援助・支援を行うときとは違う時間感覚で仕事をしなければなりません。

　スピード感が求められる中で、どれだけ正確に行うことができたか、可能であればケースワーカー自身で振り返る時間をつくり、次回以降の対応に活かしましょう。

第 4 章

世帯課題別
ケースワークのポイント

4 | 1　◎…生活保護世帯は千差万別

▶▶ 生活に困る理由は人それぞれ

　生活保護は、生活に困窮した世帯に対して最低限度の生活を保障する制度です。そして、「最低限度の生活」を保障する基礎になるのが、生活扶助をはじめとする主に経済面での支援です。

　しかし、生活保護世帯を「経済的に困っている世帯」と一括りに捉えてしまうと、支援の方法を見誤ります。それぞれの世帯がなぜ経済的に困ることになったのか、その原因をつかんで個々の世帯に適したサポートを行うことが大切です。

　この章では、生活保護を受ける世帯を分類し、具体的な援助、支援の方法を説明します。

▶▶ 生活保護世帯の分類は4つ

　厚生労働省が行う福祉行政報告例では、生活保護世帯について、①歳を重ね現役世代ではなくなった**高齢者世帯**、②子育て中でありながら配偶者がおらず収入を確保しづらい**母子世帯**、③障害や病気が理由で働くことが難しい**障害者世帯・傷病者世帯**、④その他の理由で保護を受ける**その他世帯**の4つに分類して経年の増減など統計を取っています。

　統計上は、少子高齢化に伴い高齢者世帯が増え、一方で母子世帯は近年減少傾向にあります。生活保護世帯の全体数も緩やかな減少傾向にありますが、ケースワーカーの仕事を変えるほどの顕著な変化は見られません。

　世帯類型は統計上の区分で、類型によってケースワーカーが行うべき

仕事の本質が変わるわけではありませんが、大きな傾向を捉えられれば生活保護だけではなく、これから問題になってくる社会課題などが見えてきます。自治体の福祉分野で仕事をする皆さんにとって大切な視点です。

図表18　生活保護世帯の４つの類型

類型	内容
①高齢者世帯	男女ともに65歳以上の者のみで構成されている世帯もしくは、これらに18歳未満の者が加わった世帯
②母子世帯	現に配偶者がいない（死別、離別、生死不明及び未婚等による。）65歳未満の女子と18歳未満のその子（養子を含む。）のみで構成されている世帯
③障害者世帯・傷病者世帯	世帯主が障害者加算を受けているか、障害、知的障害等の心身上の障害のため働けない者である世帯並びに世帯主が入院（介護老人保健施設入所を含む。）しているか、在宅患者加算を受けている世帯若しくは世帯主が傷病のため働けない者である世帯
④その他世帯	上記のいずれにも該当しない世帯

▶▶ 高齢者世帯と無理に話を合わせようとしない

　高齢者世帯は「65歳以上の者のみで構成」されている世帯ですから、ケースワーカーよりも年齢が上の人ばかりです。ほとんどの場合は現役から退いていて、仕事をしている人は少ないです。

　家庭訪問や面接で話を聞く際、世代の違いで話が合わないという場合もありますが、無理に話を合わせようとしなくて大丈夫です。むしろ「話を聞きに行くだけ」と思って家庭訪問をして、話の中からその人の特徴や課題に気づくことができるようにしましょう。

　高齢者世帯は、生活保護からの脱却という自立ではなく、**被保護者自身で日常の問題を少なく生活することができる自立**をめざします。

▶▶ 母子世帯は未来をどう描くか

母子世帯は「配偶者がいない母親と未成年の子ども」で構成される世帯です。子どもが未成年のため、母親は子育てに手を取られて自身の課題に向き合うことがおろそかになっているケースがよく見られます。

子どもへの関わり方やそのバランスを子どもの成長段階に合わせて考えて、母親もその子どももこれから先の未来を自ら描けるようにしていく必要があります。

▶▶ 障害者・傷病者世帯は正確に状況をつかむ

障害者・傷病者世帯にケースワーカーが直接的にできることは決して多くはありません。**医療や介護にかかる分野は、ケースワーカーが生半可な知識で入り込めるものではないからです。**

だからこそ、障害者・傷病者世帯については医師や介護サービスを提供する専門職としっかりと連携を図り、被保護者が置かれている状況を正確につかむことが求められます。病気の治療や障害サービスの提供などのアプローチをケースワーカーが行うには、まず正確な状況把握が必要です。

▶▶ その他世帯にはケースワークの宝が埋もれている

その他の世帯は、上記の3つの分類に当てはまらないものがすべて含まれます。そのため、世帯ごとに抱える課題も対処法も異なります。

課題がはっきりとせず、対処法が見えてこないケースもあるでしょう。しかし、どうしたらよいかわからないものや、どこから手をつけてよいかわからないという世帯こそ、ケースワーカーの実力が試され、また、成長するチャンスです。

状況を把握し、他法他施策を理解し、他の機関や関係者と連携し、指導・指示を行う。ケースワーカーが成長する宝が埋もれています。

4|2 ◎…高齢者世帯は限界がくる前に「介護」につなげる

▶▶ 最も割合の多い高齢者世帯に目を向ける

　生活保護世帯を世帯類型別で見たとき、最も多いのが65歳以上の世帯員だけで構成される**高齢者世帯**です。統計では、平成7年度に高齢者世帯の割合が障害者・傷病者世帯の割合を上回って以降、その差は広がり令和6年11月現在では**被保護世帯全体の55.0%**となっています（厚生労働省社会・援護局保護課「被保護者調査（令和6年11月分概数）」）。これは、令和6年9月現在の日本の高齢化率29.3%よりもかなり高い割合です。

　皆さんの担当する被保護世帯の半数以上が高齢者世帯ですから、高齢者世帯に目を向け、どう援助していくのかを考えるのはとても大切です。しかし、生活保護では、助言・指導が必要な稼働年齢層の世帯への対応に追われ、高齢者世帯は定期の家庭訪問を機械的に行うのみとなっているケースも見受けられます。

　ここでは、そんな高齢者世帯を担当するにあたって注意したい介護の問題について説明します。

▶▶ 被保護者の変化に気づくのは難しい

　人は歳を重ねると、少なからず健康面での問題を抱えます。傷病や障害などの問題が少ない被保護者でも、加齢により日常生活動作（ADL：日常生活を送るために最低限必要な移動・食事・更衣・排泄・入浴などの日常的な動作）や家事、外出等の活動に必要な機能が徐々に低下します。

その変化が小さなうちに意識的に外出を増やしたり、食生活を考えたりして元気な生活を続けることができればよいものの、被保護者本人がそのことを意識するのは難しいのが現実です。

高齢者世帯の家庭訪問は、4か月や半年に一度となっていることが多く、ケースワーカーも被保護者の変化に気づくことは容易ではありません。

比較的問題が少ないと認識している高齢者世帯の家庭訪問や面接では、「最近の暮らしはどうですか？」といった質問をしがちです。この質問は必ずしも間違いではありませんが、漠然と被保護者の現状を知るために行うのと、**介護予防の観点を踏まえて被保護者の変化を知るために行う**のとでは意味合いが異なってきます。

高齢者世帯の家庭訪問では、次のポイントを確認しましょう。そして、見たことや気づいたことは**できるかぎり丁寧にケース記録に残しましょ**う。その日1回かぎりの家庭訪問では気づけなくても、記録に残すことで被保護者の変化に気づくことができるきっかけになります。

図表19　高齢者世帯の家庭訪問時に確認するポイント

確認事項	具体的なポイント
身体的な変化	太ったり痩せたりといったわかりやすいところだけでなく、歩いているときの歩様など身体的な変化はないか？
日常生活の自立具合	自炊できているか、買い物はどうしているか、普段から外出しているかなど、日常生活を自分自身でこなせているか？
部屋の衛生状態	居間やベッドのそばなど被保護者が普段過ごしている場所にゴミが溜まっていないか、水回りが片付けられておらず不衛生な状態になっていないか？

▶▶ 限界がくる前に介護につなげる

高齢者の生活に問題が感じられたとしたら、なるべく早い段階で介護につなげることが重要です。介護といっても、ヘルパーを派遣してもらい身体介助を受けることや、特別養護老人ホームなどの施設介護といった介護保険サービスだけではなく、要介護状態となる前の「介護予防」の段階からの対応も含まれます。

高齢者世帯の中には65歳以上の夫婦や親子だけで構成されている世帯があります。高齢者の一方が要介護状態になったとき、もう片方の高齢者が介助したり、日常生活のサポートやさまざまな手続きを行ったりすることになります。家族ゆえに献身的な方も多いものの、高齢者同士のため、介助者自身の健康状態の低下も心配です。

高齢化の進む社会の中で、このような高齢者世帯はこれからも増えてきます。**いわゆる「老老介護」には、やがて限界がやってくると考えて、**専門機関など外部の協力が得られるように進めていきましょう。

▶▶▶高齢者の相談ごとは地域包括支援センターへ

介護をはじめとする高齢者の諸問題に関する相談先として、地域包括支援センターがあります。

地域包括支援センターは、介護保険法第115条の46第1項により、高齢者を地域全体でサポートする「地域包括ケアシステム」の中心となる施設です。おおよそ高齢者3〜6千人が暮らす日常生活圏域ごとに設置されており、令和5年4月現在5,431か所あります。皆さんの福祉事務所のそばにも1か所はあるかと思います。

地域包括支援センターの強みは、その名のとおり介護だけではなく医療、福祉、保健などさまざまな**社会資源**について「包括」して相談を受けることができることです。そのため地域包括支援センターには、**主任介護支援専門員（ケアマネジャー）、社会福祉士、保健師**または**看護師**といった専門職が配置されています。3職種それぞれの専門性を活かして、高齢者の介護に関わる問題だけではなく、さまざまな行政サービスや地域資源と連携したり、介護予防の観点から介護予防教室や健康づくり講座を行ったりもしています。

地域包括支援センターへの相談は、問題を抱える高齢者本人だけではなく、家族や高齢者に関わるあらゆる人が可能で、その中には生活保護ケースワーカーも含まれます。日頃から地域ケア会議などの場で、自身が担当する高齢者世帯について相談し、情報を共有することで、何か問題が起こったときでもスムーズに連携を進めることができます。

図表20　地域包括支援センターの４つの役割

役割	内容
総合相談支援業務	高齢者に関するさまざまな相談の受付
権利擁護業務	虐待防止や金銭管理のサポートなど
介護予防ケアマネジメント	要介護のリスクがある方の介護予防支援
包括的・継続的マネジメント	地域ケア会議の開催、ケアマネジャーへの指導・相談など

そのためにも高齢者やその家族にも地域包括支援センターが福祉事務所、ケースワーカーと同じように相談先になることを助言し、実際に関係をつなげておくようにしましょう。そうすることによって、高齢者の個人情報をしっかりと地域の関係者で共有することができます。

厚生労働省では、人それぞれが望む医療やケアについて前もって考え、家族等や医療・ケアチームと繰り返し話し合い共有する取組み「**アドバンス・ケア・プランニング**」（ACP、愛称「人生会議」）を推進しています。医療や介護が必要になるその前に、高齢者自身がよりよい選択ができるよう支援しましょう。

▶▶ 要介護認定申請をケアマネジャーに依頼する

高齢者の身体状況が低下し、実際に介護を必要とした場合はできるかぎり**速やかに介護保険サービスを利用できるよう支援する**ことが大切です。

介護保険サービスを利用するためには、どのくらいの介護（介助）が必要なのかを測る要介護認定を受ける必要があります。

申請は基本的に高齢者本人が行いますが、本人や家族が申請手続きを行うことができなければ、地域包括支援センターや居宅介護支援事業所と相談してケアマネジャーに手続きの代行をお願いすることができます。

介護が必要な高齢者のキーパーソン

ケアマネジャー（介護支援専門員）

要介護者・要支援者からの相談に応じ、その方の心身の状況等に合った
サービスを利用できるよう、市区町村、サービス事業者等との連絡調整
等を行います。

図表 21　介護保険サービス利用までの流れ

1．要介護認定申請（介護保険担当窓口）
申請の際、申請者の心身の状況を記した「主治医意見書」が必要になる。あらかじめかかりつけ医に依頼して作成してもらっておくとスムーズに申請が可能（市区町村から医師に依頼する場合もある）
2．認定調査
認定調査員が家庭訪問により申請者の心身の状況について本人や家族から聞き取り調査を行う
3．介護認定審査会
主治医意見書や認定調査の結果を元に、保険・福祉・医療の学識経験者により認定審査を行い、介護度を判定する
4．ケアプラン（介護サービス計画）の作成
ケアマネジャーと相談し、介護度（要介護 1 〜 5、要支援 1・2）に合った範囲でケアプランを作成する
5．介護扶助申請
要介護認定結果、ケアプランを添えて介護扶助の申請を行い、ケースワーカーは介護券（生活保護受給者が介護扶助を受けていることを証明するもの）を交付する
6．介護保険サービス利用開始
ケアプランに基づいて介護保険サービスを利用する。介護保険サービスの自己負担額は原則 1 割だが、この自己負担分は介護扶助により賄われる

▶▶▶ 大切なのはケアマネジャーと連携して支援すること

　介護保険サービスの利用が始まると、とりあえずはひと安心といった気持ちもありますが、ケースワーカーにとって大切なのは、その後のケアマネジャーとの関係構築です。

　ケースワーカーの家庭訪問とは異なり、例えば、訪問介護、訪問リハビリのような訪問型のサービスでは食事や洗濯、通院の介助などを行うため、ヘルパーはその高齢者の普段の生活状況や趣味嗜好などを知ることができます。ケアマネジャーは高齢者のニーズに合った相談・調整を行い、効果的なサービスを提供するケアマネジメントの中で、ケースワーカーでは知り得ない情報を持ち、違った視点で高齢者を支援しています。

　もちろん、業務上知り得た個人情報を本人の同意なく共有することはできませんが、お互いの視点でお互いができることを連携して行っていく関係性を築くことができれば、その高齢者だけでなく、他の高齢者の問題でも相談することができるようになるでしょう。

　そのためには、機会を捉えてケアマネジャーと積極的に話すようにしましょう。例えば、ケアプランの内容に変化があったときには、変更の内容に加えて、なぜその変更が必要になったかといった周辺情報を確認したり、家庭訪問で違和感があればケアマネジャーにそのことを質問してみたりするのもよいでしょう。

　地域包括支援センターが行う「包括的・継続ケアマネジメント」の中で行われる「地域ケア会議」では、介護を必要とする世帯も検討世帯として挙げられることがあります。ケアマネジャーはこうした場でもその世帯の支援の中心となる存在です。しっかりとつながって連携を図りましょう。

4│3 ◎…単身高齢者世帯は「キーパーソン」を探しておく

▶▶ 増え続ける単身高齢者

　前項では、高齢者世帯全般が抱える課題について述べましたが、さらに難しいのが単身高齢者世帯です。

　内閣府が発表した「令和6年版高齢社会白書」では、65歳以上の一人暮らしは男女ともに増え続けています。1980年（昭和55年）には男女合わせて88.1万人（15.5%）だったのが、2010年（平成22年）では、479.1万人（31.4%）になっており、**2040年（令和22年）には1,041.3万人（52.5%）にも及ぶ**と記されています。

図表22　65歳以上の一人暮らしの世帯動向

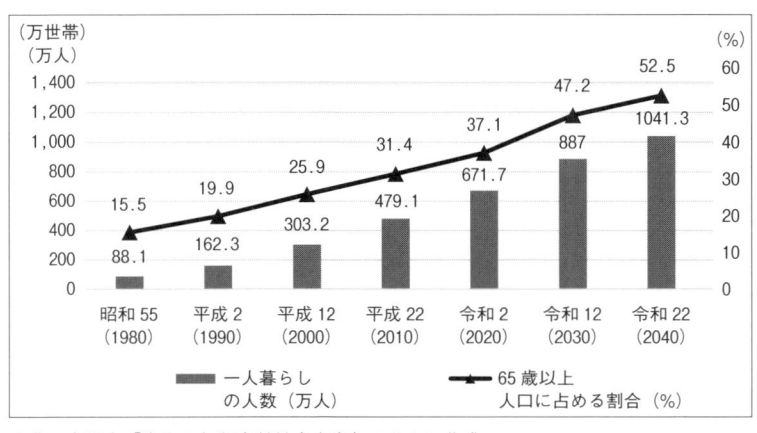

出典：内閣府「令和6年版高齢社会白書」をもとに作成

　世帯の半数以上が単身高齢者となると問題になってくるのが、前項で述べた介護保険サービスの利用申請をはじめとしたさまざまな手続きな

どを誰が行うのかということです。

▶▶ 単身被保護者の世話は誰も見てくれない

　単身被保護者には身元を保証する人がいないことがあります。その場合、1人では対応が難しい事案が起こったときに誰がその世話をするのかという問題が発生します。

　例えば、抱えている病気の悪化で入院が決まったとき、入院の同意を求められることがあります。基本的には、入院にあたって同意や身元保証を求める行為の法的な根拠はなく、本人以外の同意がなくとも医療機関が入院を拒むことがないよう厚生労働省よりガイドラインが発出されています。しかし、現場では往々にして身元保証ができる人を求められます。

　身元保証人を求められなくても、病気の急変で体が動かず、救急車を呼びたいときや、体調がすぐれず食事を摂ることができず買い物や調理を手伝ってもらいたいときなど、被保護者1人でするのが難しいことをケースワーカーが代行することはできません。

　被保護者が認知症、知的障害、精神障害などの理由で判断能力が不十分な人であれば、成年後見制度を活用して成年後見人に一部を協力してもらうこともできます。しかし、本人の判断能力が十分にある場合、成年後見制度は利用することができません。

　こうした単身高齢者の世話は、何の策も講じなければ、誰も見てはくれません。そして、そうなったとき、その単身高齢被保護者の世話はケースワーカーに降りかかってきます。そうならないためにも、被保護者を**平時からサポートしてくれる人物を探しておく**、またはいないのであれば、いざというときにどのような対応をするべきか、あらかじめ考えておくことが大切です。

▶▶ 大切なのは単身高齢者のキーパーソン探し

　単身高齢者にとってのキーパーソンは、頻繁にその人と接触する物理

的な距離の近い人が最適です。それは被保護者の親族に限りません。単身高齢者のキーパーソンは、次のような方法で探します。

図表23 単身高齢者のキーパーソンとその把握方法

キーパーソン	把握方法
家族・親族	生活保護法第29条による戸籍・附票照会により所在を掴み、被保護者当人に交流状況などを確認。 扶養援助照会の折にも被保護者との関係を確認する（5−5参照）
民生委員 町会長など	高齢者の集まりやお祭りなど町のイベントへの参加状況や、独居見守りなど地域での関わりを確認する
ケアマネジャー ヘルパーなど	介護サービスや障害福祉サービスが入っている場合は、実際のサービスの利用状況だけではなく、緊急時の対応についてケアマネジャーやサービス事業者に確認する
友人など	被保護者の家庭訪問時に、近隣で仲良く交流をしている人を聞いておく

　キーパーソンがどんな人でも、被保護者本人に聞いておくのが、一番実行のハードルが低いでしょう。

　単身高齢者の家庭訪問では世間話になったり、現在の身体状況などを尋ねたりすることが多いかと思いますが、そのときに緊急時にキーパーソンになる人がいるのかを常に確認するようにしましょう。そして、キーパーソンがいるのであれば、家族・親族の場合には戸籍等の調査で所在を確認したり、友人や近隣の人の場合には普段からの交流状況を確認したりしておき、どのようなサポートを受けられるか考えておきましょう。

 単身高齢者のキーパーソン

被保護者によって異なる

別居する親族など血縁関係のある人のほか、民生委員やケアマネジャーといった公的な（または準ずる）仕事についている人、町会長や近隣の仲の良い友人など被保護者と物理的な距離の近い人物など意外な人物がキーパーソンになります。

▶▶ 判断能力が乏しい被保護者には成年後見制度を検討

　成年後見制度は、認知症や知的障害、精神障害などの理由で判断能力が不十分な人を支援する制度です。特にキーパーソンが見当たらず、被保護者本人の判断能力がないか乏しい場合は、成年後見人等（成年後見人、保佐人、補助人）をつけることで、**諸処の手続きなどを代行したりする**ことができ、被保護者のキーパーソンとしての活躍が期待できます。

　成年後見人をつけるためには、家庭裁判所への申立てが必要です。申立人は本人または配偶者、4親等内の親族などですが、身寄りがなく申立人がいない場合は、市町村長が申立てを行い、家庭裁判所が弁護士などの第三者を成年後見人等に選任します。申立てにかかる費用や成年後見人への報酬も必要ですが、**生活保護を適用されている場合は、その費用について法テラスや市町村が助成**しています。

　成年後見人をつけることが難しいときは、社会福祉協議会で受付している**日常生活自立支援事業**の利用契約をすることで、金銭管理や福祉サービスの手続き時の同行など、成年後見人が行う仕事を一部サポート

図表24　成年後見人ができること・できないこと

できること	財産管理	生活保護費を含む預貯金の管理、家賃や公共料金の支払いなど
	身上監護	医療や介護サービスの契約行為、入院手続きや要介護認定・施設の入所手続きなど
	法律行為の代理	遺産分割協議への参加や手続きなど
できないこと	事実行為	送迎、買い物、掃除や洗濯、介護などの直接的な労務
	身分行為	養子縁組や婚姻、離婚届など法律上の身分関係を発生、変更、消滅させること
	一部の医療行為の同意	手術や延命治療の同意、臓器提供の意思表示など
	日常消費の取り消し・同意	被後見人が購入したものの取り消しや同意
	保証人身元引受人	入院・入所時の保証人や身元引受人になること
	利益相反行為	被後見人の相続者になったり、被後見人名義の不動産を買い取ったりするなど、被後見人の利益を損なう行為

することができます。

　成年後見人にもできること、できないことがあり、何もかも任せられるわけではありません。ただ、ケースワーカーとは異なる視点で被保護者を見ている関係者がいると、多層的な支援が可能です。該当するような事例があれば積極的に制度利用を考えましょう。

▶▶ 単身被保護者の死亡時の処理は多岐に渡る

　単身被保護者が死亡すると、その日限りで生活保護は廃止になります。支援すべき被保護者がいないので、ケースワーカーは基本的には生活保護の廃止決定を行うことが一番の仕事になります。

　遺族や親族がいる場合は、保護の廃止決定をすれば済みますが、単身で身寄りのない被保護者の場合、付随して起こることも含めて、次の図表に示す3点への対応が必要です。

図表 25　単身被保護者の死亡時に考えないといけないこと

①葬儀、埋葬	死亡届、葬儀、埋葬など、主に遺体をどうするか
②身辺整理	被保護者が暮らしていた部屋の整理や遺留金品をどう片付けるか
③保護の決定	生活保護上の廃止処理、葬祭扶助の決定をどうするか

　③の保護の決定以外の2つはケースワーカーの本来の仕事ではないものや、ケースワーカーではできないこともあります。そのため、**それぞれ権限や義務を持つ人に対してケースワーカーが依頼**します。

　死亡届に関しては、ケースワーカーは届出人になることができず、同居の親族や同居人が届出人になります。身寄りがない被保護者は戸籍法第87条に定める家屋管理人や入院先の病院長といった次位の届出義務者に届出を依頼するなどの連絡調整が必要です。

　葬儀や埋葬については遺族の意向が最優先ですが、これも身寄りがなく、誰も葬儀や埋葬を行う人がいない場合は、それぞれの自治体のルールに基づいて民生委員などから葬祭扶助の申請をしてもらい、葬儀、遺体の火葬を行う必要があります。遺骨の埋葬に関しても斎場などとの調

整が必要になります。

　被保護者が居住していた住居の片付けは、賃貸契約上、家主の責任において処理してもらうことになりますが、粗大ゴミの処理や遺留金品の引き取りなど家主からケースワーカーに依頼されることも多くあります。

　その他にも葬祭扶助額を超える遺留金品があった場合は相続人を探したり、家庭裁判所に申立てをする必要があったりと、ケースワーカーの事務処理、対応は多岐に渡ります。

　単身で高齢の被保護者は、問題がないときは、「家庭訪問だけしておけばよい」という対応になりがちです。問題が起こったときに困らないようにキーパーソンを把握して、いざというときに備えましょう。

4|4 ◎…傷病者世帯は医療機関と適切な連携を図る

▶▶ いつまで傷病者世帯？

「世帯主が傷病のため働けない者である世帯」が傷病者世帯です。傷病により仕事を失っていることで、世帯の収入がないか乏しく、最低限度の生活を維持できない状態に陥っています。そのため、一般的には「療養指導」として、まずは抱えている病気の治療をするよう助言・指導します。

傷病の程度は人それぞれ異なるため、治療が長期間に及ぶケースもあります。問題なのが、**比較的軽度の慢性的な疾患の治療を理由にずるずると生活保護が長期化するケース**です。

傷病はあっても働けるのであれば、傷病者世帯ではなく、その他世帯として早期の自立を図れるよう仕事を探すなど、次のステップに進めるようケースワーカーもしっかりと助言・指導をしたいところです。しかし、治療に後ろ向きな人や、病院・診療所に行くことが目的化して自立への目標立てができていない被保護者もいます。

このようなケースに対しては、**世帯類型や援助方針を柔軟に変更して対応する**ことが大切です。

▶▶ 通院状況、稼働能力を把握する

家庭訪問など被保護者と面接する際、長期療養中の傷病者世帯の場合は、病状や通院状況を被保護者本人に尋ねることが多くなります。すると通院している回数や服薬している薬などはわかるものの、具体的な病状については驚くほどに得られる情報が少ないことに気づきます。

被保護者は体の不調を訴えますが、それを元に漫然と「療養指導」を続けるだけではその後の展望が開けません。

　家庭訪問の際には、被保護者自身が感じている病状や通院回数・頻度だけではなく、次のことも尋ねましょう。

図表 26　療養中の被保護者に尋ねること

質問事項	具体的な内容
治療内容	どのような治療を受けているか、医師から治療についてどのように説明を受けているか
治療の変化	前回の面接時から治療内容や出されている薬に変化があったか
治療効果	治療を受けて、保護開始時（または通院開始時）から改善が見られたか
日常生活上の影響	抱えている病気が原因で、日常生活を送る上での制限などがあるか
今後の展望	病状や治療経過を踏まえて、就労も含め今後の日常生活をどう送ろうと考えているか

　通院、治療は目的ではなく、被保護者が自立した生活を送るための課題を解決する手段です。傷病の程度によっては生活保護を受けずに済むという形の自立は難しいかもしれませんが、少しでも課題をクリアできるように、意味を持って通院できるよう助言しましょう。

▶▶ 稼働能力は有無ではなく程度・制限を調べる

　医療機関への通院・治療について、被保護者自身の認識が不十分なときは、医療要否意見書や診療報酬明細書（レセプト）をチェックすることで、どのような治療が行われ、どのような薬が出されているかがわかります。

　しかし、医療要否意見書はその医療機関で治療する必要性の有無、継続する治療の期間等を示したもので、ケースワーカーにとっては「かゆいところに手が届かない」ものになっています。また、診療報酬明細書は診療内容や処方された薬剤などを確認できますが、医療機関が医療費（医療扶助）を保険者（実施機関）に請求するものなので、ケースワーカー

が手にするのは治療を受けてからかなり先になります。**被保護者には、受診時に診療明細書が手渡されているため、これを確認することができれば診療報酬明細書を待たずとも概ね把握することができます。**

　具体的により詳しく被保護者の病状を知りたいときは、やはり直接、その治療を行っている医師に病状を照会するのが一番です。

 傷病者世帯のキーパーソン

指定医療機関の医師

生活保護の決定・実施及び自立助長に必要なものであれば、医療機関に対して証明書や意見書の交付を求めることができます。

　病状照会を行うときは、なるべく簡潔にポイントを絞って行いましょう。医師は診療の時間外に病状照会に対応するため、不必要な質問を投げかけて関係性を損なうようなことがないよう注意が必要です。

　主治医に尋ねることは、前ページの図表26で示した被保護者に尋ねることと基本的には同じですが、それに加えて稼働能力（被保護者が仕事に就くことができるか）について確認します。その他にも被保護者本人から聞き取ることができない「治療に前向きなのか」といった治療態度や、病状の回復の見込みなどを聞き取るとよいでしょう。

　照会方法は直接、主治医を訪問して聞き取ったり、照会書類を送付して証明書・意見書への記載をお願いしたりする方法がありますが、主治医を訪問して直接聞き取る場合は、診療時間を避けるなどの配慮が必要です。

　稼働能力の確認では稼働能力の「あり・なし」や、程度を「重労働・軽労働・就労不可」といった選択式で回答してもらうのでは不十分です。むしろ大切なのは、**傷病により就労にどんな制限があるのか、現時点での就労が難しい（稼働能力がない）ときに、治療によりどの程度の改善が期待できるのか**といった「程度・制限」を医学的な見地から聞き取ることです。

医師の診断に基づいた情報を得られると、被保護者との面接でより踏み込んで聞き取ったり、アドバイスしたりすることができます。

▶▶ 治療に前向きでない人への検診命令

　傷病が原因で生活保護を適用されているにもかかわらず通院しない、または不十分な人に対しては、検診命令を行うことができます。

■生活保護法による保護の実施要領について（局長通知）

第11 4　検診命令
第11　保護決定実施上の指導指示及び検診命令
　4　検診命令
　　⑴　検診を命ずべき場合
　　　　次のような場合には、要保護者の健康状態等を確認するため検診を受けるべき旨を命ずること。なお、この場合事前に嘱託医の意見を徴することとし、さらに必要と認められる場合には都道府県本庁（指定都市及び中核市にあっっては市本庁とする。）の技術的な助言を求めること。
　　　ア　保護の要否又は程度の決定にあたって稼働能力の有無につき疑いがあるとき。
　　（以下略）

　この場合、あらかじめ医師や歯科医師を選定し、検査や検診の内容を調整した上で検診命令書を発行し、被保護者に検診を受けることを指示します。指示に従わないときは生活保護法第28条第5項に基づき、保護の変更、停止や廃止をすることができますが、すぐに生活保護を停廃止することが目的ではありません。
　あくまで被保護者が抱える病状や曖昧な不安感を、専門医の診断により少しでもはっきりとさせるために行います。検診の結果は、被保護者と共有して、前向きに治療やその先にある就労などの自立に向けた活動に取り組めるように助言しましょう。

4 | 5 ◎…障害者世帯は「他法優先」をまず意識する

▶▶ 障害者がいても障害者世帯にならないことがある

　障害者世帯とは、「世帯主が障害者加算を受けているか、身体障害・知的障害等の心身上の障害のため働けない者である世帯」のことをいいます。したがって、世帯主以外の同居者が障害を抱えている場合や、世帯主が障害を抱えていてもその程度が軽度で働くことができる場合は障害者世帯という世帯類型には計上されません。

　しかし、統計上は障害者世帯に分けられなくても、**障害を抱えた人がいる世帯が持つ共通の課題**があります。

　ここでは、世帯類型による障害者世帯だけではなく、障害者が世帯主、世帯員にいる世帯をまとめて「障害者世帯」として対応を説明します。

▶▶ 障害者加算の認定方法は障害の種別により異なる

　生活保護では、**障害の程度に応じて2段階に分けられた障害者加算**が付与されます。

　身体障害者福祉法施行規則別表第5号に掲げる身体障害者障害程度等級表（障害等級表）の1級もしくは2級、または国民年金法施行令別表に定める1級のいずれかに該当する障害のある者は、「**加算ア**」が適用されます。また、障害等級表の3級または国民年金法施行令別表に定める2級のいずれかに該当する障害のある者は、「**加算イ**」が適用されます。

　加算額は被保護者が居住する場所の級地により、次の表のとおり異なります。

図表 27　障害者加算の額（令和6年度現在）

		加算ア	加算イ
在宅	1級地に居住する被保護者	26,810円	17,870円
	2級地に居住する被保護者	24,940円	16,620円
	3級地に居住する被保護者	23,060円	15,380円
入院または社会福祉施設や介護施設入所中		22,310円	14,870円

①身体障害者の場合

　身体障害者の障害者加算は、身体障害者手帳を所持していればその等級を確認し、障害年金を受給している場合はその等級も確認します。身体障害者手帳と障害年金とで等級が異なる場合は程度が重いもの（等級の高い方）を加算として認定します。

図表 28　身体障害者の障害者加算認定方法

身体障害者手帳

1・2級	3級	4〜6級
加算ア	加算イ	非該当

重 ←————————→ 軽

障害年金

1級	2級	3級*
加算ア	加算イ	非該当

重 ←————————→ 軽

どちらか
程度が重いもの
を認定

*3級は障害厚生年金のみ

②知的障害者の場合

　知的障害者が所持する療育手帳の等級は、知能指数（IQ）や幼児であれば発達指数（DQ）を元に日常生活能力などを勘案して重度のA、それ以外のBの2段階（自治体によっては3段階や4段階の記号や数字の場合もある）に分けられています。しかし、その等級は障害者加算の等級を判定する身体障害者福祉法施行規則や国民年金法施行令に沿って定められたわけではないため、療育手帳の等級を確認するだけでは障害者加算を認定できません。

　東京都など実施機関によっては療育手帳の等級だけで加算認定を判断

する場合もありますが、基本的には「保護の実施機関の指定する医師の診断書その他障害の程度が確認できる書類に基づき行う」ことになります（局長通知・第7-2-（2）-エ-（イ））。

　医師の診断書以外に障害の程度を確認できる書類として、特別児童扶養手当証書があります（令和6年7月1日に廃止され、受給証明を必要とする者には申請に基づき「特別児童扶養手当受給証明書」を交付）。特別児童扶養手当の等級認定要件は国民年金法施行令別表と同じ内容であるため、同等の障害を持つものと判断することができます。

図表29　知的障害者の障害者加算認定方法

療育手帳の等級では加算の認定はできない

特別児童扶養手当（養育者に支給）

1級	2級
加算ア	加算イ

重 ◆━━━━━➤ 軽

③精神障害者の場合

　精神障害者の障害者加算は、障害年金を受給している場合はその等級で判断します。ただし、障害年金を受給していない場合、被保護者が抱える精神障害は「症状が固定している障害」ではないため、精神障害者

図表30　精神障害者の障害者加算認定方法

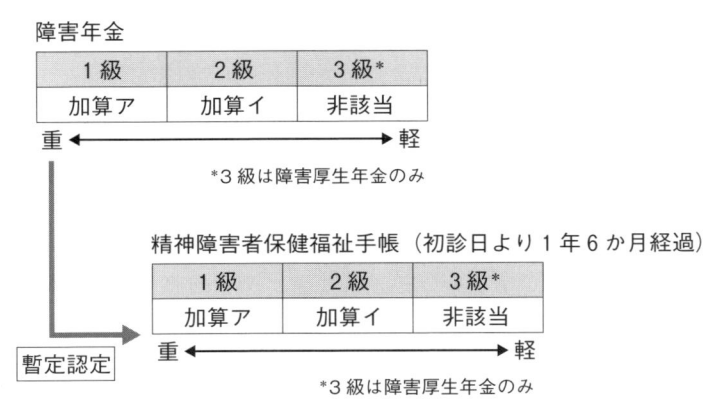

障害年金

1級	2級	3級*
加算ア	加算イ	非該当

重 ◆━━━━━➤ 軽

*3級は障害厚生年金のみ

精神障害者保健福祉手帳（初診日より1年6か月経過）

1級	2級	3級*
加算ア	加算イ	非該当

重 ◆━━━━━➤ 軽

*3級は障害厚生年金のみ

暫定認定

保健福祉手帳を所持していても初診日より1年6か月を経過していなければ、手帳に記された等級を障害者加算の認定に用いることはできません。

　精神障害者保健福祉手帳の障害等級で加算を行う場合は、手帳の更新ごとに等級に変化がないか注意して認定に誤りがないようにしましょう。

④その他の障害者加算の認定

　その他、障害の程度が大きく常時の介護が必要な場合、次の加算が適用できます。

図表31　その他の障害者加算認定方法

重度障害者加算	在宅の被保護者で日常生活の常時介護が必要な場合 「告示」別表第1第2章2-(3)
家族介護料加算	障害者加算の等級がアに該当し、常時の介護を同一世帯の者が行う場合 「告示」別表第1第2章2-(4)
他人介護料加算	障害者加算の等級がアに該当し、介護人を雇って常時の介護を行う場合 「告示」別表第1第2章2-(5)

▶▶障害者への対応で意識すべき他法他施策

　生活保護は「最後のセーフティネット」ともいわれるように、他の法律・施策などで補いきれない部分を各種の扶助で支えています。裏を返すと、**被保護者に必要なサービスが他の法律や施策で賄えるのであれば、それを優先する「他法他施策の活用」が原則**です。

　障害者は、障害者基本法第2条第1項において「身体障害、知的障害、精神障害（発達障害を含む。）その他の心身の機能の障害（以下「障害」と総称する。）がある者であつて、障害及び社会的障壁により継続的に日常生活又は社会生活に相当な制限を受ける状態にあるもの」と定義されています。この制限をクリアするために、障害者の日常生活及び社会生活を総合的に支援するための法律（障害者総合支援法）で定められた

さまざまな障害福祉サービスがあります。中には生活保護制度でも同様の扶助やサービスがあるので、障害福祉サービスの活用を検討し活用していくと、「他法他施策の活用」において押さえるべきポイントが理解できるようになります。

　障害福祉サービスを利用するには、介護保険でいうところの要介護認定のかわりに、支援の割合を6段階の区分で決める「障害支援区分認定」を行う必要があります。利用申請後、認定調査員が訪問調査を行い、身体状況など80項目の認定調査項目の結果をコンピュータで一次判定し、主治医意見書を合わせて審査会で二次判定を行い決定します。区分認定が決まれば、相談支援員に相談しサービス等利用計画書を作成し、それが支給決定されればサービスを利用することができます。

　多くの場合、障害者手帳などの申請に合わせて、障害福祉サービスの利用についても相談・申請されていると思いますが、生活保護の申請、開始の段階で利用できそうなサービスがあれば活用を検討しましょう。

 障害者世帯のキーパーソン

障害福祉課の担当職員

障害福祉サービスは申請、区分認定、多岐に渡るサービス内容や利用方法など複雑なものが多く、障害者本人だけでなく介助者もよくわかっていないということが多々あります。ケースワーカーが気軽に相談できる障害福祉課の担当職員を見つけましょう。

　障害福祉サービスには次頁の図表32のようなサービスがあります。

　なお、介護保険と障害福祉のどちらにも存在するサービスは介護保険が優先されます。つまり、**介護保険＞障害福祉サービス＞生活保護**という順になりますが、対象者が40歳以上65歳未満で医療保険に未加入の生活保護受給者、いわゆる「みなし2号被保険者」については、介護保険の被保険者ではないため、障害福祉サービスを最大限利用し、不足分を生活保護（介護扶助）で補います。

図表 32　障害福祉サービス一覧

（1）介護給付

種別	内容
居宅介護 （ホームヘルプ）	自宅での入浴、排泄、食事の介護を行う
重度訪問介護	重度の介護が必要な肢体不自由者や知的・精神障害者への入浴、排泄、食事の介護、移動支援を行う
同行援護	視覚障害者への情報提供や外出支援を行う
行動援護	知的・精神障害により自己判断力が制限される人を対象とした危機回避の為の居宅内や外出時の支援を行う
重度障害者等 包括支援	常時介護が必要な重度障害者への居宅介護をはじめとする複数のサービス提供を行う
短期入所 （ショートステイ）	日常的に介護する人が病気などの場合に、月7日以内の短期間の施設入所介護を行う
療養介護	医療と常時介護を必要とする人に、医療機関での機能訓練、療養上の管理、看護、介護や日常生活支援を提供する
生活介護	介護を受けながら、健康維持のための運動やリハビリに取り組んだり、生産・創作活動をしたりする機会を提供する
施設入所支援	施設に入所する人に、夜間や休日に入浴、排泄、食事等の介護を行う

（2）訓練等給付

種別	内容
自立生活援助	一人暮らしを始めた障害者に、生活状況の確認や本人からの相談にのって手続き支援や連絡調整を行う
共同生活援助 （グループホーム）	共同生活を送ることができる住居で、日常生活上の支援や介護、一人暮らしへの移行支援など相談援助を行う
自立訓練 （機能訓練・生活訓練）	自立した日常生活・社会生活を送るために必要な運動機能や生活能力の向上のための訓練を行う
就労移行支援	一般企業での就労を希望する人に、就労に必要な知識の習得・能力向上のための訓練を行う
就労継続支援 （A型・B型）	一般就労が困難な人に働く場を提供し、知識・能力向上のための訓練を行う
就労定着支援	就労移行支援を経て一般就労に移行した人に、仕事を続けられるよう助言などを行う

（3）地域相談支援給付

種別	内容
地域移行支援	施設や精神病院に入院・入所している人が退院し、地域での生活を始めるための相談や支援を行う
地域定着支援	居宅で一人暮らしの障害者に、常時の連絡体制を確保し、緊急時の支援を行う

（4）計画相談支援

種別	内容
サービス利用支援	心身の状況や環境を勘案して、障害福祉サービスの利用に必要なサービス等利用計画を作成する
継続サービス利用支援	障害福祉サービスの提供状況やニーズ把握をして、サービス等利用計画を見直す

（5）身体部位・機能を代替・補完する「補装具」の購入費・修理費の支給

障害の種類	補装具の種類
視覚障害	義眼、眼鏡（色眼鏡除く）、視覚障害者安全杖
聴覚障害	補聴器、人工内耳
上肢・言語障害	重度障害者用意思伝達装置
肢体不自由	義手、義足、装具、車椅子、歩行器、歩行補助杖など

（6）地域生活支援事業
　（1）〜（5）と異なり、地域のニーズや社会資源の状況を踏まえて市町村・都道府県ごとに実施するサービスで、サービスの内容、利用条件や利用料金には地域差があります。以下はその一部です。

サービス	内容
日常生活用具給付等	日常生活の便宜を図るため、ベッドや杖、装具などの用具の給付・貸与を行う
地域活動支援センター	障害のある人が通い、生産・創作活動を行い社会との交流を促進する
意思疎通支援	言語・聴覚・音声・視覚等の障害のため意思疎通に支障がある人に対して、手話通訳や要約筆記・点訳を行う人を派遣する

この他にも、自立支援医療として障害の軽減と機能改善を目的に行う手術（角膜手術、関節形成手術・腎臓移植など）や治療（人工透析法など）については「更生医療・育成医療」を、精神障害の治療に必要な医療費に充てられる「精神通院医療」として利用できます。

　また、障害者を対象とした減免や自治体独自のサービス、インフォーマルなサービスなど活用できる制度・施策はまだまだあります。

　障害者世帯の被保護者の状態に応じて、生活保護制度だけでなく、どのような障害福祉サービスを活用できるかという視点で制度を探すことで、知識が深まり、ケースワーカーとしての力になっていきます。

　障害者世帯を担当したときは、現状に何か不足がないか、不便を感じていることはないかを探り、まずは他法他施策での解決法を模索するようにしましょう。

◎…精神障害者には「傾聴」と「自衛」を心がける

▶▶ 主な精神的症状と対応における基本的な姿勢

　障害者の中でも精神障害者への対応に苦慮するケースワーカーが多いと聞きます。精神障害者の症状はさまざまですが、簡単にでも症状とその特徴を知っておくと、担当する被保護者への理解につながります。

図表 33　主な精神的な症状

名称	症状・特徴
統合失調症	幻聴などの幻覚症状、（被害や関係性の）妄想、思考障害、感情の起伏が少なくなり、意欲や自発性が低下する
気分障害	うつ病や双極性障害（躁うつ病）。うつ状態での極端な落ち込みや無気力、躁状態での過剰すぎる高揚感、衝動的な行動を起こしたりする
てんかん	反復するけいれん発作が特徴で、発作を起こすと意識を失ったり、行動が制御できなくなったりする
中毒精神病	アルコールや薬物の乱用による精神的・行動的な障害で、依存や認知機能の低下が見られる
発達障害	自閉症スペクトラム障害や注意欠如・多動性障害（ADHD）などが含まれる。コミュニケーションが難しいなど対人関係に課題を抱える

　他にも複数の症状を併せ持ち、非定型精神病と診断される人もいます。
　ケースワーカーが精神障害を抱えた被保護者と接する際は、それぞれの特徴的な症状が見られることもあれば、そうでないときもあります。被保護者の変化に気をつけて、どんなときも被保護者の状態にひきずられることのないように自身の感情をフラットに保ち、被保護者の不安や恐れを状況・状態として聞けるように心がけましょう。

ケースワーカー自身の体調や感情に波があり、冷静に話を聞くことができないときは、**家庭訪問や面接そのものを取りやめたり、他の仕事を理由に面接時間を短く区切ったりするなどの自衛も必要**です。

　精神障害者に限りませんが、落ち着いて被保護者と向き合うためには、相手よりも自分自身の状態を客観的に見て大丈夫かどうか確認できるようにすることが大切です。

▶▶ 精神障害者との面接で気をつけたい3つのポイント

　精神障害者との面接では、次の3つの点について注意しましょう。

①尋ねるよりも話を聴く

　どんな被保護者でも「傾聴」することが必要といわれますが、精神的な症状を抱える被保護者に対しては、特に強く意識しましょう。妄想混じりの話をすることや、ケースワーカーが尋ねたことに答えてくれないこともあります。

　共感することが難しいことも多々ありますが、**「共感よりも理解」「理解よりも興味」という姿勢で話を聴く**ようにしてください。「ふんふん、それで」と次を促したり、「なるほどね」と声をかけたりして、「ケースワーカー（自分）が知らない話をしてくれている」と思って聞くようにするところから始めるとよいでしょう。

②心地よさを探る

　話を聴くためには、話しやすい環境を整える必要があります。

　立ち話よりも座って話すほうが相手も自分も楽ですし、「話を聴く気がある」という姿勢を示すことができるので、「落ち着いて話すためには区切られた面接室で座って……」と考えがちです。しかし、被保護者の体調や気分によっては拒絶されることもあり、家庭訪問でも玄関先での立ち話になることもしばしばです。

　人によって話しやすい環境や心地よい接し方は異なります。「相手のことをどう呼ぶのか」「口調はどこまで砕けても大丈夫か」「座る位置は

対面がいいのか、横がいいのか」などについて、相手の表情や声を聞きながら少しずつ探りましょう。**被保護者にとってもケースワーカーにとっても心地よい関係性を築くことが大切です。**

③具体的に、わかりやすく指示する

多くの精神障害者は認知機能に課題を抱えているため、新しい情報や指示を理解するのが難しい場合があります。提出する書類を忘れたり、障害者手帳の取得や通院の指示に従わなかったりして、それを指摘すると感情的になってしまうこともあります。

そこで、**具体的な手順を示したり、紙などに書いたものを渡したりするなど視覚的なサポートを用いることで被保護者の理解を助ける工夫を**しましょう。

精神的な疾患を抱える人は他者とのコミュニケーションに不安を感じることが多いようです。ケースワーカーとして彼らに接するときに、まずはそれを軽減できるように心がけましょう。

コミュニケーションを取る中で、攻撃的な姿勢を見せた場合は距離を取り、精神保健福祉相談員のアドバイスを受けましょう。

 精神疾患を抱える被保護者のキーパーソン

精神保健福祉相談員

精神保健福祉士の国家資格を持ち、保健所や精神保健福祉センターに配置される職員。精神障害者やその家族の相談やサポートを担います。

▶▶ 自立支援医療の精神通院医療を活用する

自立支援医療の「精神通院医療」は、精神医療を続ける必要がある人の外来診察、投薬、デイケア、訪問看護などの医療費の自己負担額を1割に軽減する制度です。生活保護を適用されている場合、医療扶助で医療費が賄われるので元々自己負担はありませんが、他法他施策優先の観

点に加え、生活保護から自立した後にも利用できる制度ですので積極的に活用しましょう。

　精神通院医療が利用できる主な疾患には、次のものがあります。

　・統合失調症、うつ病や躁うつ病などの気分障害
　・薬物依存症や急性中毒
　・PTSD やパニック障害などの不安障害
　・知的障害や心理的発達の障害
　・アルツハイマー病型認知症や血管性認知症、てんかん

▶▶▶精神障害者保健福祉手帳は2年に一度の更新が必要

　精神障害者が取得する精神障害者保健福祉手帳は2年に一度の更新があります。身体障害者には、生まれながらに障害を抱える人も後天的に障害を抱えるようになる人もいますが、基本的に身体状況が固定した段階で判定されるので、状態に大きな変化がないかぎり、障害者手帳の更新はありません。また、知的障害は、知育の発達により変化が見られる18歳未満であれば、児童相談所で2～4年に一度再判定しますが、成人すると10年に一度と更新頻度はかなり少なくなります。

　精神障害は症状が時間とともに変化することがあるため、身体障害や知的障害と比べると短い期間で更新します。**ケースワーカーがその人を担当している間に、一度は障害者手帳の更新時期を迎えることになるの**で、更新漏れがないように注意しなければなりません。そのため、精神障害者は障害者世帯でありながら治療が必要で、症状の変化にも注意を払うという傷病者世帯のような要素も持ち合わせています。

　一方で、精神的な症状は外傷のように目に見えるものでなく、また、症状1つとっても人による差異が大きいため、**安易に「こういうものだ」と決めつけないように気をつけなければなりません。**

▶▶ 精神病院への入院は入院形態を把握する

　精神病による入院でケースワーカーが一番困るのが、被保護者が自身を傷つけたり、他者に被害が及んだりする可能性があるときです。「**自傷他害の恐れ**」といいますが、被保護者が抱える病気の影響で精神状態が不安定になり、自身の状態を悲観したり、強い不安感にさらされたり、他者に怒りを覚えたりして、リストカットや自身の体を焼くなどの自傷行為や他者への攻撃的な行動に及ぶことがあります。

　周囲の人にこうした被害が及ぶとき、ケースワーカーに向けて「（被保護者を）入院させてほしい」と要望が入ります。家族や周囲の人が対応できるときはまだ問題が少ないものの、単身の被保護者の場合、ケースワーカーがその対応の矢面に立つことになります。病気の状態によっては、被保護者本人は周りに迷惑をかけている自覚はないため、本人の意思に沿わずに入院の手続きをしなければなりません。

　精神病院への入院には「精神保健及び精神障害者福祉に関する法律」に基づき、次の5つの形態があります。

図表34　精神病院への入院形態

入院形態	内容
任意入院 （第20条・第21条）	患者本人の意思で入院を希望する場合に適用
医療保護入院 （第33条）	患者本人が入院に同意せず、家族などの同意を得て精神保健指定医が入院の必要性を認めた場合に適用
応急入院 （第33条の6、第33条の7）	緊急性が高く、患者本人や家族の同意をすぐに取ることができないとき、精神保健指定医1名の診察により72時間以内の暫定的な入院を行う
措置入院 （第29条）	自傷他害の恐れがあり、精神保健指定医2名による診察を経て、都道府県知事による命令により入院を決定。いわゆる「強制入院」にあたる
緊急措置入院 （第29条の2）	自傷他害の恐れがあるが、精神保健指定医が1名しか確保できないとき、72時間以内の暫定的な入院を行う

　患者本人や家族などの入院同意の有無、緊急時かどうか、自傷他害の恐れがあるかどうかによって、入院手続きが異なります。**任意入院以外**

の入院形態は、本人の意思では退院ができず患者の権利の一部が制限されます（任意入院の場合でも精神保健指定医の判断で入院後72時間の退院制限が可能）。

　保健所や病院などとの連絡調整・連携が大切になってきます。フローチャートに沿って、すばやく治療につなげましょう。

図表35　精神病院への入院手続きフローチャート

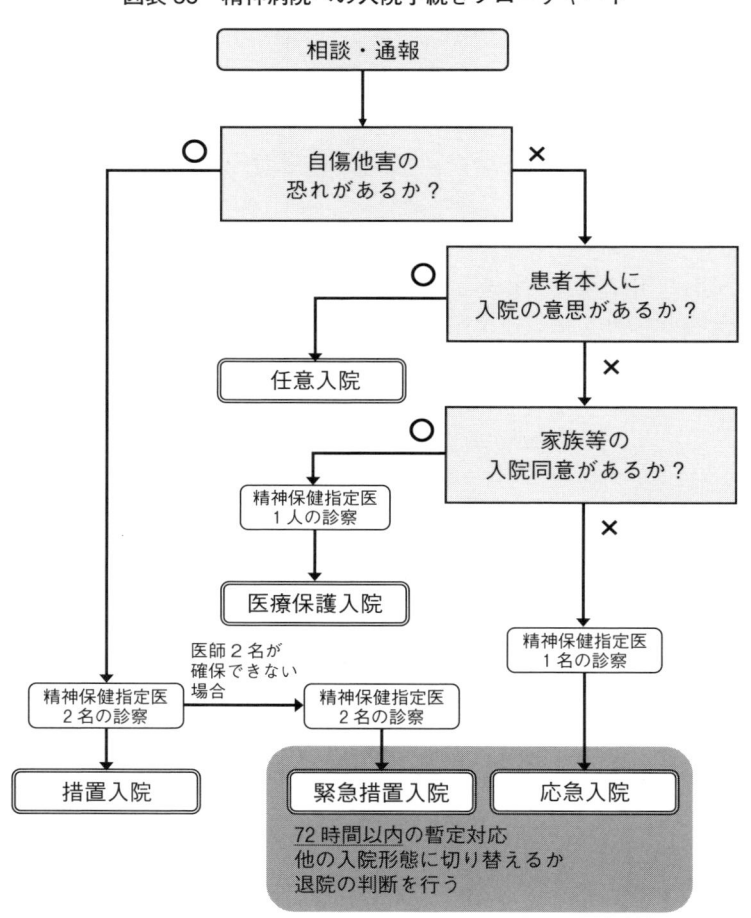

4│7 ◎…依存症の被保護者は「専門機関」の力を借りる

▶▶▶ 「自分も」と誤った共感をしない

　被保護者の中には薬物やアルコール、ニコチン、ギャンブルなどの中毒精神病を抱えている人がいます。「○○依存症」という病名を先に知ると身構えてしまいますが、実際に家庭訪問をしたり、面接をしたりすると普段はあまり問題を抱えているようには見えないことがあります。

　特に、お酒やタバコといった嗜好品やパチンコや競馬などのギャンブルはケースワーカー自身も嗜むことがあり、依存症に対する理解が少ないとつい「**自分も**飲む（吸う・やる）しなぁ」と安易に誤った共感をしてしまい、結果、被保護者の症状に悪影響を与えてしまうことがあります。

「いつでもやめられる」

「お酒は『百薬の長』って言われているくらいで、ちょっとだけなら体にいい」

「お酒を飲んだら気合いが入って、仕事もうまくいくんですよね」

「負ける（失敗する）のも貴重な経験で、次の勝利につながる」

「自分の趣味に充てるお金は生活の潤いだから少しは使いたい」

「負けたときはスパッとやめて、勝ったときだけ続けている」

　依存症の人たちは、こんな言葉を口にします。

　ともすると、「そういうこともあるよなぁ」と感じることもありますが、それは再現性がなく、**良かったときやうまくいったときのことだけを覚**

えているにすぎません。依存症の人が言う「いつでもやめられる」はやめられませんし、「ちょっとだけ」はケースワーカーが考える「ちょっとだけ」とは違っています。

依存症について、ケースワーカーにとって最低限必要な知識と対応方法を学びましょう。

▶▶▶ 依存症の種類とつなぐべき専門機関

依存症は、かつてはアルコールや薬物など物質的な依存症に限られていましたが、現在ではギャンブルのような行為も依存症に含められています。また、依存症という病気に分類されているものではありませんが、特定の人間関係に依存するというものも、ケースワーカーが接する状態として挙げられます。それぞれ対象により異なった専門的な治療やアプローチが必要になります。

また、依存症に対しての理解を深めたとしても、対応のすべてをケースワーカーが抱えることは現実的ではありません。そのため、**多職種・他職種との連携を進めて、ケースワーカーが抱える負担を軽減する**ことを意識する必要があります。

図表36　依存する対象とアプローチ

種別	依存する対象	アプローチ
物質	アルコール、薬物、ニコチン（タバコ）など	医療機関、心理士、自助グループなどとの連携による医療面や心理的なサポート
行為・プロセス	ギャンブル、買い物、ゲームなど	行動パターンの理解と、生活に支障を及ぼす行為のコントロール、支援
人	男性・女性依存、DVなど	人間関係の評価と健康的な関係構築の支援

依存症については、専門的な知識の乏しい初任ケースワーカーが専門的にタッチできる範囲は非常に少ないことをまず理解しましょう。

特に、ケースワーカーが依存する対象に興味があったり、試していたりするときは、自身の感覚や経験を重ねず、**被保護者が抱える「病気」**

であることを理解することが大切です。

依存症は他の疾病と異なり、治療が必要にもかかわらず治療を受けない人が多いとされています。本人が依存症を意識していなかったり、治療に前向きでなかったりするときに、他人であるケースワーカーが通院・治療を指示してもなかなか次につながりません。家族や友人など患者本人と関わりを持つ人がいれば、周囲の人から依存症の専門機関に相談してもらうのもよいでしょう。専門医療機関につながり、自助グループなどとの連携を図ることで依存症の治療が始まります。

図表37　依存症からの回復のための専門機関

種別	形態	内容
依存症専門医療機関	入院・通院	依存症治療を掲げる精神科の医療機関。診断を行い、認知行動療法や薬物療法などの医学的治療や症状に応じて入院治療を行う
回復支援施設	入所・通所	依存症からの回復に向けて、生活支援や社会復帰プログラムを提供する。医療機関、行政機関、弁護士や司法書士といった専門機関・職と連携し、課題解決に努める
自助グループ・家族会	通所	回復途上にある依存症の当事者やその家族が自主的に運営するグループ。共通の経験を持つ仲間と感情や体験を共有することで、孤立感を軽減し、回復をサポートする

依存症の治療はケガのように、目に見えて治療経過がわかるわけではありません。また、ケースワーカーが担当に就いてから離れるまでの間に依存症に関わる問題がすべて解決するようなことはありません。しかし、依存症に対しての知識を持ち、どこに相談して連携していくかを学び、実践していくことで被保護者もケースワーカーも次の一歩を踏み出すことができます。

ケースワーカーが行政機関内で相談できる先として、保健所・保健福祉センターに配置されている依存症相談員がいます。入院時の精神保健指定医の判定などの連絡調整や専門医療機関の情報提供を行い、依存症についてケースワーカーよりも知識や対応の経験を持っている相談員は大きな力になります。被保護者や専門機関とのやり取りで疑問に思うこ

とを尋ねるなど、1つずつ学んでいきましょう。

 依存症を抱える被保護者対応のキーパーソン

依存症相談員

保健所・保健福祉センターの依存症相談拠点に配置されている精神保健福祉士、心理士等の相談員。行政と専門医療機関をつなぐ役割を担います。

▶▶ 自助グループからケースワーカーが学ぶこと

依存症は外傷のように「完治」することはありません。依存する対象をやめたくてもやめられないという症状から離れることができたとしても、きっかけがあれば再び元の症状に逆戻りする可能性を抱えています。

そうならないためには、逆戻りするきっかけになってしまう状況・環境に身を置かないこと、つまり「やめ続ける」ための環境づくりが必要です。また、もし再びアルコール、薬物、タバコ、ギャンブルといったものに手を出して失敗したとしても、継続せず「やめ続ける」ことを再開できるような環境に身を置けるようにすることが大切です。

そんなときに頼りになるのが「やめ続ける」ことを理解した依存症の当事者が集まる自助グループです。

自助グループでは、お互いの批判や詮索はせず、秘密は守られるというルールの中で、経験や思いを共有することで当事者同士が「やめ続ける」ための力を蓄えます。

当事者でないケースワーカーにとっては、その必要性を理解するのはなかなか難しいことだと思います。当事者以外の人でも参加できるオープンミーティングが開催されていることもあるので、機会があれば見学をして自助グループを知るとよいでしょう。

図表38　主な依存症関連の自助グループ・家族会一覧

種別	名称	対象者		URL
		当事者	家族等	
アルコール	全日本断酒連盟 （断酒会）	○	○	https://www.dansyu-renmei.or.jp/
アルコール	アルコーリクス・アノニマス（AA）	○		https://aajapan.org/
アルコール	アラノン		○	http://www.al-anon.or.jp/
薬物	ナルコティクスアノニマス（NA）	○		https://najapan.org/
薬物	ナラノン		○	http://nar-anon.jp/
ギャンブル	ギャンブラーズ・アノニマス（GA）	○		https://www.gajapan.jp/
ギャンブル	ギャマノン		○	https://www.gam-anon.jp/

4 | 8 ◎…母子世帯は 長期的な視野で 目標を立てる

▶▶ 子ども中心の視点を理解する

　母子世帯とは、「配偶者がいない 65 歳未満の母親と 18 歳未満のその子のみの世帯」のことをいいます。中でも、配偶者との離別や死別などにより、母親が子の扶養を一手に担うものの、子どもが幼いため十分に就労できず、生活に困窮して生活保護を受けるケースが多くみられます。

　また、母子世帯には含まれませんが、父子世帯であったり、祖父母や親族が就学前の乳幼児を扶養していたりする世帯も、乳幼児の養育面で同様の課題を抱えています。

　このようなケースでは、生活保護を適用することで経済面での窮状はいったん抑えられますが、その後の展望が示せず、保護が長期化する傾向にあります。

　就学前の乳幼児が家庭にいる場合、扶養者、特に母親は養育者として、自分自身に生活能力がない乳幼児を中心に生活を考えます。生活保護の助言・指導は主に世帯の中心人物、母子世帯であれば母親に対して行いますが、母親を中心に世帯を考えてもうまくいきません。子どもを視点の中心に置いて、世帯の問題点を整理することが大切です。

▶▶ 乳幼児を抱えたひとり親の心身の負担を聞き出す

　就学前の乳幼児を抱える世帯の一番の課題は、その子どもの世話を誰がするのかということです。衣食住のすべてについて、乳幼児は自分自身で整えることができません。病気になれば親が病院に連れていかなければなりませんし、朝昼晩の食事、洗濯・清掃といった家事全般をひと

り親が抱え込み、生活をうまく回せなくなっています。

　子どもの祖父母やその周りの人に、扶養者としての役割を相談してうまく負担の軽減ができればよいものの、生活保護を受けるまでの過程で協力を得られなくなっている場合も多く、ひとり親が負担を抱え込む要因の１つになっています。

　ケースワーカーは、まず、**その世帯の協力者がいるのか、また、どのような協力が得られそうなのか**を聞き取り、整理するところから始めるとよいでしょう。いわゆる金銭的な扶養援助よりも、**日々の生活の心身両面における負担軽減をめざす**方向で考えます。母親（父親などのひとり親も含む）から聞き出すことが難しいこともありますが、最初の家庭訪問、面接の段階からその視点で質問してみましょう。

　就学前の乳幼児であれば、居住する地域を担当する保健師と連携を取るのもお勧めです。就学前の乳幼児には母子保健法により１歳６か月児健診と３歳児健診を行うことが法定健診として市町村に義務づけられています。また、自治体によっては３〜４か月児の健診も保健所で行っていることがあります。

　乳幼児健診では身体測定や小児科や歯科の医師による健診、栄養士による栄養相談や知育の発達相談なども行っているので、**保健師はその世帯が抱える家庭環境や育児の面の課題をケースワーカーよりも知っている**ことがあります。

 乳幼児がいるひとり親世帯のキーパーソン

保健師

新生児や乳幼児を抱えた親子に対して、健康診断や家庭訪問などを通じて、健康面の把握や育児面での不安解消のためのアドバイスなどを行う。

　もちろん、保健師が把握している情報も被保護者の個人情報ですから、ケースワーカーがすべての情報にアクセスすることができるわけではありません。しかし、被保護者との面接の中で、育児や子どもの悩みを抱

えていることに気づいたのであれば、相談先として保健師を紹介するだけでも、ケースワーカーとは違った視点で被保護者を支援する「手」が増えます。

　保健師に協力してもらう環境を築くことができると、保健師がうまくアプローチできていない親子で生活保護を受けている世帯があれば、ケースワーカーからも情報を提供できるようになります。

　また、令和6年4月に児童福祉法が改正され、母子健康を担う「子育て世代包括支援センター」と児童福祉を担う「子ども家庭総合支援拠点」を統合した「こども家庭センター」が市区町村に新設されました。高齢者の地域包括支援センターのように、子どもに関わる諸課題を一括して対応することで、ケースワーカーも含めた関係機関との連携・調整機能が高まることが期待できます。ケースワーカーが1人で抱えることなく、チームで世帯を支援する体制を整えましょう。

▶▶▶ 経済面での自立から目を背けさせない

　乳幼児を抱える被保護者にとって、育児期の就業は育児に充てる時間の関係から仕事の時間・内容の制限が大きく、生活保護から脱却するだけの収入を得ることは難しいのが現状です。

　生活保護を受けることにより、最低限の生活費が保障され、住民税などの公的な支払いが免除されたり、医療費もかからなかったりすることから、就労に後ろ向きな姿勢を示す被保護者も少なくありません。しかし、非就労の期間が長引くとそれだけで再就職が難しくなり、親も子も歳を重ねると条件は徐々に厳しくなってきます。

　ひとり親の世帯としてどのような形で生計を維持していくのか。また、子育てとのバランスをどう取っていくのか。これらを意識させることは、母子世帯（ひとり親世帯）の自立を考えるうえでとても大切です。そのためには、就労により収入を得るという「経済面での自立」から目を背けさせないよう、親には育児と並行して生活保護以外の収入を得るために就労を意識させる必要があります。

　このとき、ケースワーカーが注意したいのは、過度な助言・指導によっ

て、「**被保護者にとって高すぎる目標設定をしない**」ということです。生活保護を受けるか、生活保護を受けずに自立するかという二択ではなく、被保護者本人の能力や過去の経験、子どもを含めた家庭の状況をしっかりと理解したうえで、皆さんがその世帯を担当している期間だけではなく、5年後、10年後といった長期的な視野で目標を設定することを心がけてください。

目標の設定にあたっては、やはり「○○さんはどうしたいですか？」と被保護者に投げかけることから始めましょう。「今、どうしたいか」ではなく、「**どうなりたいか**」**を聞くことができれば世帯の進むべき方向の指針になります**。なかなか答えが出ない場合は、「今、何に困っているか」を聞き、「そのことが解消されたら、どうしたいか」という順で、被保護者の希望を聞き取りましょう。

その希望を聞いて、ケースワーカーは援助方針を整え、被保護者と共有し、今できることを短期的な目標として設定します。

子どもを保育所に預けたり、短時間のアルバイトを探したりといった行動は、就労しなければならないという命令や義務によるものではなく、目標のための手段として意識しなければ続きません。ケースワーカーが思う目標設定よりも低すぎるということも多々ありますが、**一足飛びに解決する問題ではないので、小さな目標を積み重ねていくことを大切に**しましょう。

▶▶▶ 虐待が疑われる場合はすぐ児童相談所と連携する

統計によると、令和4年度に全国の児童相談所が対応した児童虐待相談は 219,170 件（速報値）と過去最多の件数になっています。これは 10 年前の平成 24 年度と比べても 3 倍以上（66,701 件）に増加しています。

児童相談所への相談経路としては、警察等が 51.5％と最も多く、福祉事務所からの相談は 5.4％と、全体からすると決して多い割合ではありません。しかし、児童福祉法第 25 条により、児童虐待などが疑われる児童に気づいたときは児童相談所に通告する義務がケースワーカーにも課されています。

■児童福祉法

第25条　要保護児童を発見した者は、これを市町村、都道府県の設置する福祉事務所若しくは児童相談所又は児童委員を介して市町村、都道府県の設置する福祉事務所若しくは児童相談所に通告しなければならない。ただし、罪を犯した満14歳以上の児童については、この限りでない。この場合においては、これを家庭裁判所に通告しなければならない。

②　刑法の秘密漏示罪の規定その他の守秘義務に関する法律の規定は、前項の規定による通告をすることを妨げるものと解釈してはならない。

家庭訪問の機会に、具体的な身体的虐待の場面を目撃した場合はもちろんのこと、**子どものことを聞いたときの親の言動、子どもの服装や外傷の痕跡、部屋の散らかり具合**など、不審に思うようなことがあれば、迷わず児童相談所に相談しましょう。

被保護者との関係性を気にして、通報が遅れることがあってはなりません。万が一、通報を受けて児童相談所が調査した結果、児童虐待の事実はなかったとしても、通報したケースワーカーが責任を問われることはありません。虐待の可能性がわずかでもある世帯の情報を児童相談所と共有すれば、緊急を要する事態になったとしても冷静に対処できます。

▶▶ 子どもの一時保護と生活保護での取扱い

児童相談所の決定により児童虐待の実態があったときなどに子ども（被保護者）が一時保護され、被保護世帯と離れて生活することがあります。

一時保護の期間は、児童福祉法第33条第3項により2か月以内とされていますが（家庭裁判所の審判により延長可能）、その間の生活費は同法により施設で賄われるため、生活保護でのその子どもの取扱いは保護停止になります。

一時保護は保護者の意思が要件となっていないため、子どもの一時保

護が行われると親は感情的になり、児童相談所と福祉事務所を同一視して、一時保護に関わっていないケースワーカーにも攻撃的な姿勢を見せる場合があります。また、子どもの引取りなど、児童相談所への要望が叶えられないときに、ケースワーカーに相談してくることもあります。

このよう場合、ケースワーカーは親の感情に引き込まれることなく、**フラットな感情を保つ**よう心がけましょう。極端に児童相談所の措置について知らない、関係ないと伝えたり、逆に児童相談所へ親の要望を仲介するような姿勢は取らないようにしてください。

親との家庭訪問や面接は、子どもの一時保護がされた直後は避け、親の反応を見つつ児童相談所と連絡を取り慎重に実施します。

一時保護の後の措置も含め、児童相談所とは綿密に連携をとり、世帯状況を正確に把握して、生活保護上での手続きに遅延が生じないよう注意しましょう。

▶▶ 子どもの問題が解決した後の親が一番の課題

ひとり親世帯の課題は、子どもがいることによる諸問題だと考えてしまいますが、世帯を立て直すためには親の課題にも対処しなければなりません。子どもの課題に隠れて、親の課題を後回しにしてしまうと保護の長期化につながります。

子どもを中心に、親の課題も常に意識してケースワークに取り組みましょう。

4 | 9 ◎…子どもへの助言で「貧困の連鎖」を断ち切る

▶▶▶ 1人の世帯員として子どもを認識する

　生活保護を受けている世帯の子が成人しても、そのまま世帯に残り、引き続き保護する場合があります。また、世帯から独立して生活を送ったのち、親と同じように困窮し生活保護を受ける人もいます。

　平成23年10月開催の「第6回社会保障審議会生活保護基準部会」で報告された「被保護母子世帯における貧困の世代間連鎖と生活上の問題」では、調査対象となった母子世帯の3割以上が、自身が子どもの頃にも生活保護を受けていたとされています。また、令和2年に開催された「第2回生活保護制度に関する国と地方の実務者協議」で示された「子どもの貧困対策について」では、**子どもの大学等への進学率が全世帯では73.4%なのに対して、生活保護世帯では37.3%**となっていました。

　親の経済的な困窮が要因で子どもが教育機会を損ない、世帯から独立した後に、再び生活保護を適用することになる、いわゆる「貧困の連鎖」が大きな問題になっています。

　こうした環境の中、生活保護世帯で育つ子どもが世帯から自立して生活できるようにするために、ケースワーカーはどのように支援すればよいでしょうか？

　ポイントは、子どもを「1人の世帯員」としてしっかりと認識することです。

▶▶▶ 世帯員の子どもをちゃんと大人扱いする

　生活保護世帯の中で、18歳未満の子どもは世帯員として数えられて

いるものの、助言・指導の対象として意識されることはあまりありません。

また、ケースワーカーが１つの世帯を担当する期間は長くても数年であり、子どもの将来までは目が行き届きません。どうしても、その世帯を担当した時点での子どもの年齢に合わせた「点」としての支援にとどまってしまいがちですが、**後任、つまり未来のケースワーカーが行う「点」をつなぐ「線」としての支援を意識**したいものです。

そのためには、子どもを世帯主である親の付随としてではなく、１人の世帯員として、早い段階から大人扱いすることが大切です。

高校や大学を卒業する頃になってから、「これからどうする？」と尋ねるのでは遅く、高校生、できれば中学生の段階からアプローチするのがベターです。

 進学を控えた親子世帯のキーパーソン

子ども本人

就学や就職の意思確認は親からではなく、子ども本人から聞き取ります。子どもを１人の大人として扱いましょう。

▶▶ 中学生とは未来を語る

被保護者が中学生の場合は、助言・指導というよりは、**将来どうしたいと考えているかを聞き取りできれば上出来**です。普段の家庭訪問の折に親と面接して、子どもがどんな希望を持っているかを聞き取り、可能であれば、子ども本人との面接を一度実施できるよう調整してもらいます。

子どもとの面接では、相手が緊張しないように高校・大学への進学や就職についてどんな考えを持っているかを聞き取ります。そして、聞き取った内容は保護記録として残します。

中学３年生であれば、高校進学にかかる費用などの生活保護での取扱

いを説明し、安心して進学ができることを伝えます。

▶▶▶ 高校生には未来を伝える

　高校に進学したら、できるだけ早い段階でしっかりと面接する時間を設けましょう。1年生の段階で高校卒業後の進路を決めている人はあまり多くありませんが、進学するためにはしっかりとした準備が必要です。

　高校卒業後の子どもは、18歳以上の稼働能力のある1人の大人として見なされるため、働いて自立をめざすことが求められます。そのため、**大学に進学した場合はその世帯で生活したとしても、世帯を分けて考え、生活保護は受けられない**ことになります（世帯分離）。大学への進学が決まって慌てないように高校3年間でできること、やっておいたほうがよいことなどを面接で伝えます。加えて、生活保護の制度内で高校生に対して行うことのできる支援の内容を説明します。

図表39　高校生に対しての支援一覧

種類	内容
高等学校等就学費	高校で就学するために必要な入学料、入学考査料、授業料、教材代、通学交通費などを支給する 「局長通知」第7‐8‐(2)‐イ
アルバイト収入等の収入認定除外	アルバイトなどで高校生が得られる就労収入のうち、高等学校等就学費の対象にならない修学旅行費用、学習塾費用、大学の受験料など就学に必要な経費を収入認定額から除外する 「次官通知」第8‐3‐(3)‐ク
進学・就職準備給付金	高校卒業後、進学・就職するため世帯分離となる世帯員に対して、転居（転出）するものに30万円、世帯にとどまるものに10万円を支給する 生活保護法第55条の5

　大学への進学により世帯分離になると、元の世帯の生活保護費（生活扶助）の支給額は数万円の減額になります。医療扶助もなくなるため、健康保険料や医療費の負担も生じます。また、生活費を自力でやりくりし、授業料などは奨学金や教育ローンで賄う必要があります。

高校生には厳しい現実を伝えることになりますが、親子に丁寧に説明することで、大学等に進学後の生活を具体的にイメージできるようになります。

図表40　主な奨学金制度

種類	概要・URL
日本学生支援機構 （奨学金）	収入等の条件により、貸与奨学金（有利子、無利子）、給付奨学金（返済不要）あり https://www.jasso.go.jp/
生活福祉資金貸付制度 （教育支援資金）	各地の市町村社会福祉協議会が行う貸付（無利子） https://www.shakyo.or.jp/guide/shikin/
母子父子寡婦福祉資金貸付金制度	ひとり親世帯に対しての貸付（無利子） https://www.gender.go.jp/policy/no_violence/e-vaw/law/23.html
日本政策金融公庫 （教育一般貸付）	国の教育ローン（有利子） https://www.jfc.go.jp/n/finance/search/ippan.html

※他にも、市町村や大学などが独自に行う奨学金制度などがある

▶▶▶ 大学生の未来を観測する

　世帯員が大学や専門学校に進学し、世帯分離が行われると、その子どもへの直接的な指導や助言は行うことがなくなります。

　しかし、世帯分離は「世帯単位の原則をつらぬくとかえって法の目的を実現できないと認められる場合に例外的に認められる取扱い」で、**年に一度は世帯分離を解除するかどうかを判断する**必要があります（「課長通知」第1・問8）。

　家庭訪問や面接時には親に就学状況や卒業後の見込みなどを聞き取り、子どもの現状を把握し、大学等から休学・退学したり、極端に収入が増加していたりといった状況の変化がないかを確認します。

　大学等を卒業した後、引き続き世帯にとどまる場合は、世帯分離を解除し、世帯が保護の要件を満たしているかどうかを判断することになります。子ども本人と接触する機会は少なくなりますが、未来を見通して適切なタイミングでの助言ができるようにしたいものです。

▶▶ ヤングケアラーを「総合力」で支援する

本来、大人が担うべきと考えられている家事や家族の世話を子どもが見ている「ヤングケアラー」が問題になっています。令和6年6月に「子ども・若者育成支援推進法」が改正され、**家族の介護その他の日常生活上の世話を過度に行っていると認められる子ども・若者**をヤングケアラーとして、国や地方公共団体等の子ども・若者支援の対象であると明記しました。

厚生労働省が行った令和3年度の「ヤングケアラーの実態に関する調査研究」では、小学6年生で6.5％、中学2年生で5.7％、全日制高校2年生で4.1％、定時制高校2年生相当で8.5％、通信制高校生で11.0％、大学3年生で6.2％が「世話をしている家族がいる」と回答しています。

生活保護世帯は親が傷病や障害などを抱えていることも多く、世帯員の子どもがヤングケアラーであるケースは、統計に表われないものも多いと認識すべきでしょう。ケースワーカーは家庭訪問などで、ヤングケアラー問題を抱える家庭に気づける可能性があります。しかし、気づいたからといって、ケースワーカー1人でヤングケアラーが抱える問題のすべてを解決することはできません。

児童福祉法による要保護児童対策地域協議会、生活困窮者自立支援法による支援会議といった場であれば、**必要性があれば本人同意なく参加機関で情報を共有することが可能**です。連携支援の調整役や関係機関に助言を行うヤングケアラー・コーディネーターの市区町村への配置も始まっています。

それぞれの専門性を活かした多くの機関で連携して、ヤングケアラー支援のネットワークをつくっていきましょう。

ケースワーカーが生活保護世帯の子どもを大人として扱って、それぞれの「どうしたい？」を叶えるためには、世帯主である親だけではなく、子どもが抱える問題にも気づく必要があります。

ヤングケアラーは「心配をかけたくない」といった思いから家族や友人に相談ができず、本心が言えないことがあります。また、話すことができたとしても大人のようにうまく言語化できるとは限りません。

図表 41　ヤングケアラー支援のネットワーク

支援が必要な分野	関連する主な機関
児童福祉	子ども家庭相談センター、児童相談所
介護、高齢者問題	地域包括支援センター、居宅介護支援事業所
保健、健康	保健所、保健福祉センター
医療	病院、診療所、訪問看護ステーション
障害	基幹相談センター、特定相談支援事業所
教育	学校（スクールカウンセラー）
地域での見守り	民生委員、児童委員、町会・子ども会など地域の関係者、子ども食堂などの支援団体

　学校と自宅以外の子どもの第三の居場所「サードプレイス」や家族のことを話せる信頼できる大人を見つけられるよう、ケースワーカーだけではなく、**フォーマル・インフォーマルを問わずに支援する手を増やすこと**、総合力での支援が必要です。

　ヤングケアラーに気づき、多職種・他職種の連携を意識して、頼るべきところは頼って取り組みましょう。

4|10 ◎…就労指導は「半就労半福祉」も見据える

▶▶義務を果たそうとしない被保護者への感情問題

生活保護法では、被保護者の義務として「能力に応じて勤労に励む」ことが記されています。

多くの被保護者がこの義務を果たそうと精一杯の努力を重ねていますが、残念なことに特段の阻害要因もないまま働かず、生活保護を受け続けることが目的になっている一部の被保護者がいます。

生活保護から脱却して、自分自身の力で生活するためには、仕事をして世帯の収入を増やすことが一番の理想です。そのため、ケースワーカーは「就労自立」の可能性がある世帯に対して積極的な助言・指導を行います。しかし、「仕事をしなさい、探しなさい」といった通り一遍の言葉では被保護者を動かすことはできないでしょう。そんなとき、一生懸命なケースワーカーほど被保護者に対して感情的になりがちですが、それでは逆効果です。このような被保護者には、**冷静に制度の範囲でできることを投げかけて、何もしないままではダメなことを理解してもらう**ことが大切です。

■生活保護法

（生活上の義務）

第60条　被保護者は、常に、能力に応じて勤労に励み、自ら、健康の保持及び増進に努め、収入、支出その他生計の状況を適切に把握するとともに支出の節約を図り、その他生活の維持及び向上に努めなければならない。

▶▶▶ 「働いたら負け」ではないことを伝える

仕事に就こうとしない被保護者がよく口にするのが、「**働いても保護費が減らされる**」という言葉です。いくら働いても収入認定され、働いた分だけ報われない、「働いたら負け」だという考え方が根本にあるようです。

生活保護費は、世帯の最低生活費に足りない部分を補う形で支給されます。そのため、仕事をすることで収入があれば、世帯に「足りない部分」が少なくなり、支給される生活保護費も少なくなります。

しかし実際には、例えば10万円の就労収入があった場合、23,600円（令和6年度の基準・世帯で1人目の就労収入の場合）の基礎控除を行った76,400円が収入認定額となります。つまり、**就労収入があった場合、稼いだ金額がそのまま生活保護費から減額になるわけではない**ことをまず理解してもらう必要があります。

また、基礎控除の他にも、社会保険料、所得税、労働組合費、通勤費等は、実額が収入を得るための必要経費として収入認定額から差し引かれます（「次官通知」第8-3-（1）-ア-（イ））。

就労によって得た収入と生活保護費と合わせた世帯の生活費は、働く前よりも基礎控除額分だけ増えています。ケースワーカーは制度の説明と併せて、「仕事をする、しない」という話ではなく、**増えた分の収入の使い道や自立に向けた目標設定に関するアドバイスを行うことが肝要**です。

▶▶▶ 「就労指導」を就労支援員に投げっぱなしにしない

平成17年度に導入された「**自立支援プログラム**」では、生活保護による経済的な支援だけでなく、被保護者の状態を把握して身体や精神、社会的なつながりの回復なども含めた個別支援プログラムを組織的に整備するよう求められています。その中で、福祉事務所の多くに**被保護者の求職をサポートする就労支援員**が配置されています。自治体が直営で行っている場合もあれば、ノウハウを持った民間企業に委託している場

合もあります。

　就労支援員の業務は、単に求職状況を提供するだけではありません。対象者ごとの情報を整理し、現況を評価する個別アセスメントから就労を阻害する要因をつかみ、支援方針を決め、就労をめざす被保護者に併走して継続的な支援を行います。

 就労指導を行う世帯のキーパーソン

就労支援員

生活保護世帯を含む生活困窮者や障害者など、就労が困難な人々に対して、就職活動の支援や職場定着のサポートを行う専門職です。

図表42　就労支援員の業務

被保護者就労支援事業	
求職活動支援	求職活動に対する相談や履歴書の書き方、面接の受け方など求職活動に必要な技能などの助言を行う
同行支援	ハローワークや企業面接に同行する
個別求人開拓	被保護者本人の希望などを踏まえた求人元の開拓を行う
定着支援	就労後の生活状況の聞き取りなど、就労定着のためのフォローアップを行う
稼働能力判定会議	専門的知識のある者で構成する会議を開催し、被保護者の稼働能力や適性職種等の検討を行う
被保護者就労準備支援事業	
日常生活自立支援	適切な生活習慣の形成を促すため、規則正しい生活や適切な身だしなみに関する助言・指導などを行う
社会生活自立支援	基本的なコミュニケーション能力形成に向けた支援や職場見学、ボランティア活動、就労体験などへの参加の機会を提供する

　以前であれば、ハローワークに行くように伝えて、「求職活動報告書」や「収入申告書」の提出により求職活動の実働数を把握することが就労指導の中心でしたが、就労支援員のサポートが入ることで、一貫した助言ができるようになりました。

その一方で、就労できそうな被保護者がいれば、就労支援員につないで後は任せきりになるケースも増えています。被保護者の能力や適性によっては、就労支援員が支援してもすぐに就労に至らないことも少なくありません。

ケースワーカーは単に「就労させる」ことを目的にせず、長期的な視野で就労支援員と情報を共有しましょう。**経済的な自立だけでなく、その被保護者の適性や能力に応じた継続可能な就労につなげる**よう心がけましょう。

▶▶ 指導・指示に従わない被保護者には順序立てて対応する

就労を阻害する要因がなく、ケースワーカーが就労支援員のサポートを提案しても拒否し、一向に求職活動を行わないような被保護者に対しては、順序立てて生活保護制度を知ってもらうことから始めます。

ケースワーカーから被保護者への指導・指示は、生活保護法第 27 条に基づいて行われます。

■生活保護法

（指導及び指示）

第 27 条　保護の実施機関は、被保護者に対して、生活の維持、向上その他保護の目的達成に必要な指導又は指示をすることができる。

2　前項の指導又は指示は、被保護者の自由を尊重し、必要の最少限度に止めなければならない。

3　第 1 項の規定は、被保護者の意に反して、指導又は指示を強制し得るものと解釈してはならない。

指導・指示は、サッカーなどのスポーツ競技におけるイエローカードのようなものです。必要なときには躊躇せず示す必要がありますが、乱発すると、被保護者とケースワーカーとの関係性が悪くなり、良い結果を生みません。

指導・指示に従わず、最終的に生活保護の停廃止を行ったとしても、世帯の困窮状態には変化がありません。一時的に生活保護から離れたとしても、保護の再申請を求めてきたときに、以前よりも困窮の度合いがひどくなってしまっていたら、生活保護の趣旨・目的からすると本末転倒です。

　生活保護法第27条による指導・指示は、改善されることを前提に順序立てて行いましょう。

▶▶▶ 「就労自立」だけがゴールではない

　被保護者は、さまざまな理由から経済的な困窮に陥り、最低限度の生活を維持できなくなって生活保護の申請に至ります。生活保護を適用されると、最低限度ではあるものの、生活保護費が支給され、こうした世帯の生活を下支えします。そのため、ケースワーカーは、「**被保護者は生活保護を受ける権利を優先したくなるものだ**」と捉えたほうがよいかもしれません。

　生活保護を受けるための義務だからといって、就労を被保護者に強いても、人から命令されて動くというのは心理的にも難しいものです。就労はあくまで自立をめざすための「手段」であって「目的」ではありません。被保護者への指導は、まず本人がどうしたいかという目標を定めて、それをケースワーカーと共有するところから始めましょう。

　「就労自立」とは、就労収入が最低生活費を上回り、生活保護を必要としなくなる状態を指しますが、現実的にはそこまでの収入を得ることができない世帯もたくさんあります。そうした場合は、**生活保護を活用しながら可能な範囲内で就労を続ける「半就労半福祉」といった形を**めざすのも1つの方法です。このように、小さな目標（ゴール）を設定し、段階的に次のステップにつなげていくことが重要です。

図表43　生活保護法第27条による指導・指示のフローチャート

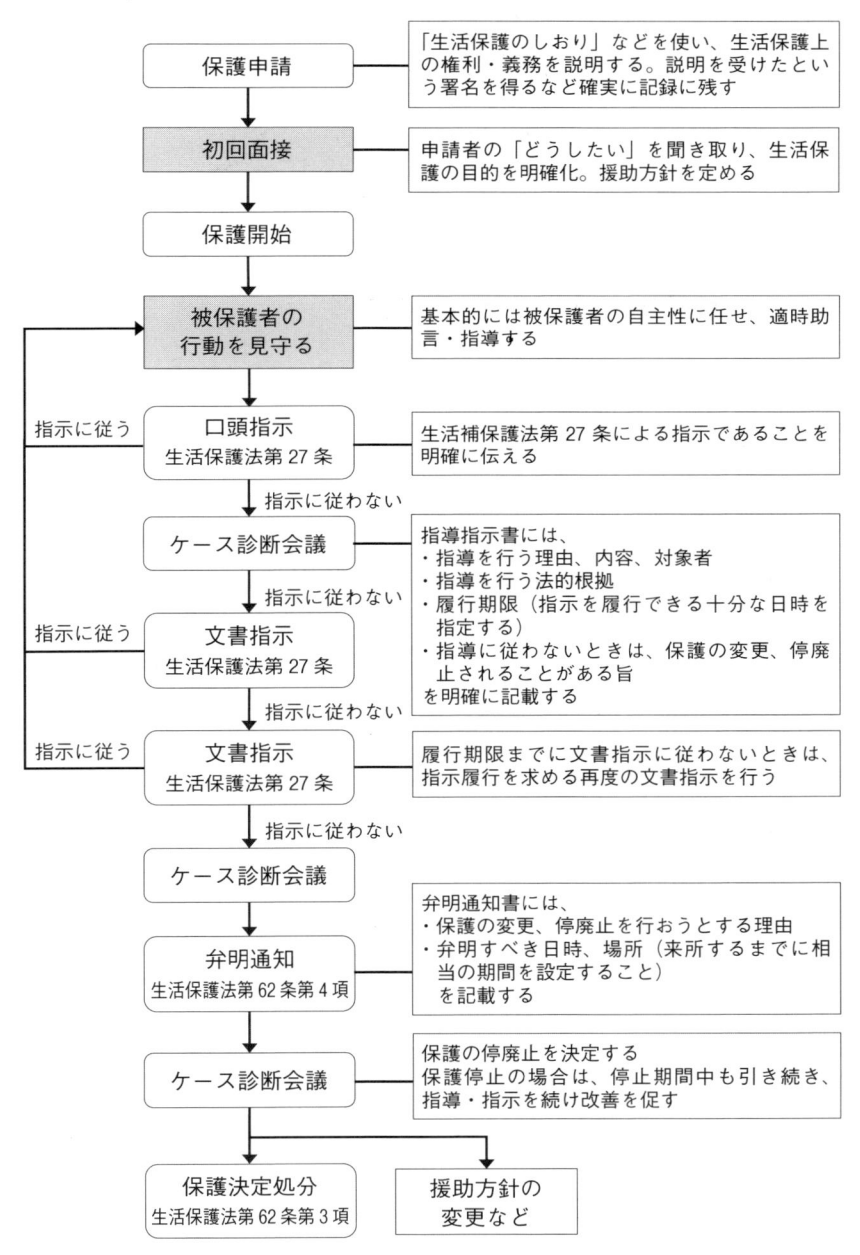

保護申請	「生活保護のしおり」などを使い、生活保護上の権利・義務を説明する。説明を受けたという署名を得るなど確実に記録に残す
初回面接	申請者の「どうしたい」を聞き取り、生活保護の目的を明確化。援助方針を定める
保護開始	
被保護者の行動を見守る	基本的には被保護者の自主性に任せ、適時助言・指導する
口頭指示　生活保護法第27条（指示に従う）	生活補保護法第27条による指示であることを明確に伝える
ケース診断会議（指示に従わない）	指導指示書には、 ・指導を行う理由、内容、対象者 ・指導を行う法的根拠 ・履行期限（指示を履行できる十分な日時を指定する） ・指導に従わないときは、保護の変更、停廃止されることがある旨 を明確に記載する
文書指示　生活保護法第27条（指示に従う・指示に従わない）	
文書指示　生活保護法第27条（指示に従う・指示に従わない）	履行期限までに文書指示に従わないときは、指示履行を求める再度の文書指示を行う
ケース診断会議（指示に従わない）	
弁明通知　生活保護法第62条第4項	弁明通知書には、 ・保護の変更、停廃止を行おうとする理由 ・弁明すべき日時、場所（来所するまでに相当の期間を設定すること） を記載する
ケース診断会議	保護の停廃止を決定する 保護停止の場合は、停止期間中も引き続き、指導・指示を続け改善を促す
保護決定処分　生活保護法第62条第3項 ／ 援助方針の変更など	

4 | 11 ◎… 入院・入所者は 「緊急時の対応」を 確認しておく

▶▶▶ 会う機会が少ない被保護者

施設に入所していたり、長期間入院していたりする被保護者の場合、家庭訪問や福祉事務所での面接が行われないため、居宅生活を送る被保護者に比べて、ほとんど会う機会がありません。

家庭訪問（施設訪問）の頻度は年に1回以上とされていますが、多くの場合、短時間で病院・施設での過ごし方などを聞くだけといった形式的な対応にとどまりがちです。

そのため、施設入所中や長期入院中の被保護者については、施設や医療機関に訪問して本人に直接面接するのではなく、**普段から接している施設管理者などの関係者を通じて必要な情報を収集すること**が大切です。

 入院・入所者のキーパーソン

施設管理者などの施設関係者

被保護者の身体状況などを確認でき、いざというときに福祉事務所、ケースワーカーと協働できる関係性を築く必要があります。

▶▶▶ 生活保護施設とその役割を知る

生活保護法に定められた施設として、救護施設などの生活保護施設があります。これらの施設は、居宅での生活が困難な人が、生活訓練や就労訓練などを行いながら生活する場となっています。

図表 44　生活保護施設の一覧

施設の種類	概要
救護施設	身体上又は精神上の障害から日常生活を営むことが困難な要保護者が、心身の回復を目標としてリハビリやクラブ活動といった余暇活動に加え、入浴や食事など日常生活の支援を受けながら生活する施設（生活保護法第38条第1項第1号）
更生施設	身体上又は精神上の障害から養護・生活指導が必要な要保護者が、主に就労による社会復帰を目標に生活する施設（生活保護法第38条第1項第2号）
医療保護施設	医療を必要とする要保護者に対して医療の給付を行う医療機関に付随する機能の施設（生活保護法第38条第1項第3号）
授産施設	身体上又は精神上の障害から就業能力の限られている要保護者に対し就労又は技能の修得をサポートする施設（生活保護法第38条第1項第4号）
宿所提供施設	住居のない要保護者の世帯に対して、一時的な居所を提供する施設（生活保護法第38条第1項第5号）

　宿所提供施設を除く生活保護施設では、職員が入所者の目的に応じた支援を行っています。居宅保護を受ける被保護者に対してケースワーカーが担う役割の多くを施設職員が代わりに行っているといえます。そのため、施設訪問を行うことが少ない場合でも、収入申告など報告書類の提出時に被保護者の現状を確認しましょう。

▶▶▶ 緊急時の対応を確認する

　生活保護施設に限らず、施設などに入所している被保護者への対応として必ず行っておきたいのが、扶養義務者の有無など、いざというときの対応を誰が行うのかの確認です。身寄りのない単身被保護者も少なくなく、戸籍などを調べても見つからない場合があります。

　特に長期に入院している場合や介護施設・養護老人ホームなど高齢者施設に入所している場合、被保護者が死亡したときに葬祭を施設で行うというところもあります。その場合、葬祭扶助は必要としないことが多いのですが、遺留金品は相続財産になるため、福祉事務所で手続きをしなければなりません。**どのような遺留金品が残っているのか、相続人は**

いるのか、**遺骨の処理はどうするのか**などは、いざという場面になってからではスムーズに対応できません。緊急時の対応については、事前に把握しておくことが重要です。

▶▶ 累積する日用品費は支給停止する

入院・入所している被保護者の中には、寝たきりの状態で、支給される日用品費が累積されることがあります。その場合は、加算等の支給を停止します（昭和58年3月31日社保第51号、厚生省社会局保護課長通知「入院患者及び社会福祉施設入所者の加算等の取扱いについて」）。

加算等の停止により累積金が概ね1か月の最低生活費に減少するまでは、医療扶助や介護扶助のみ事務処理することになりますが、普段にも増して被保護者に接する機会が減ります。

長期入院や各種の施設に入所している被保護者は、担当する世帯の中でも割合が非常に少なく対応に困ることが多いでしょう。金銭管理や施設内での自立具合、身体状況などは、ケースワーカーよりも施設職員のほうが詳しく把握しているため、しっかりと連携して普段から連絡をとれるような関係性を築きましょう。

第 5 章

ケースワーカーの
事務仕事

5｜1 ◎…話すのが苦手なら事務処理で力を発揮しよう

▶▶ 話すことだけがケースワーカーの仕事じゃない

　被保護者の悩みを聞いたり、助言したり、指導したり。関係者も含めて、コミュニケーションを取ることが多いのがケースワーカーの仕事です。だからといって、話すのが苦手な人はケースワーカーに向いていないかというと、決してそんなことはありません。

　生活保護の仕事は、被保護者や関係者との関係性を築くコミュニケーションスキルだけではなく、生活保護費の算定や各種の調査、書類の作成など大量の事務を効率的に進める事務処理能力も求められます。

　最初から福祉系の仕事を志してケースワーカーになった人は、法律や制度に詳しく、共感力も豊かな、コミュニケーションに長けた人が多いように感じます。一方で、「事務処理は苦手」と、訪問記録の作成や保護の変更に関わる入力処理を後回しにしたりする人がいますが、**対人業務と事務処理はバランスを取ることが大切**です。

　他の部署から異動してきて、今まで対人業務に関わってこなかった事務系の職員の中には、事務処理であればスムーズにこなす人も多くいます。コミュニケーションスキルが足りないと感じていても、自分の得意なところからケースワーカーの技量を高めていけばよいでしょう。

　この章では、ケースワーカーの業務のうち、イメージしづらい事務処理を効率的に進める方法などを中心に説明します。

▶▶ 意外とたくさんあるケースワーカーの事務作業

　家庭訪問や面接を行ったら、その内容は保護記録として残します。記

録を作成せずに仕事を終えることはないため、面接と記録はセットで考える人がほとんどでしょう。つまり、担当する被保護者の数だけ必要な事務処理があります。

図表45　ケースワーカーが行う主な事務処理

事務	内容
保護記録を書く	生活保護の開始、廃止、変更の経過を記録する保護記録を書き、決定処分の経過を残す
保護の決定（入力作業など）	開始、廃止、変更など保護の決定行為をシステム等に入力し、扶助（生活保護費の支払い）が正しく行われるようにする
関係先調査	保護の変更に必要な資産、労働、介護などの情報を調査する
資料作成	ケース診断会議や地域ケア会議など、他の支援者との連携をスムーズに行うため共有できる資料を作成する
資料整理	被保護者から提出された申請書類、作成した保護記録、各種の照会書類の回答や診療報酬明細（レセプト）などを遅滞なく整理する

　事務処理スキルは、生活保護以外の部署でも公務員としての基本的なスキルとして求められます。形は多少違ったとしても、過去の職場での経験を活かすことができます。

▶▶ 他人は無理でも、自分の仕事はコントロールできる

　面接や家庭訪問などの被保護者に関わる仕事は、あらかじめ時間を決めていても、正確に所要時間を見積もることはできません。会話の中で話が横に逸れたり、いつまで経っても本題に入らなかったりして、話が終わらないことがしばしばあります。

　1人当たりの家庭訪問や面接の時間を「○分」と決めてしまうこともできますが、被保護者ファーストで考えたとき、厳密に時間を区切ってコミュニケーションを取ることは最善の策とはいえません。

　一方で、事務処理はケースワーカー1人ひとりに与えられる分量が比較的わかりやすく、「ここまで片づけることができたら大丈夫」と自ら区切りをつけやすい仕事です。

被保護者という他人をコントロールするのは無理でも、自分が持つ仕事をコントロールすることは、自分だけで実践することができます。そうしてケースワーカーが抱える事務処理をそれぞれ見直して効率化することで、苦手としているコミュニケーションスキルが必要な場面にかける時間を増やすことができます。

　良いケースワーカーになる方法も、個々のスキルも違っていて当然です。できることから手をつけていきましょう。

5｜2 ◎…生活保護費を正しく支給することが最大の責務

▶▶正しく支払えないと結局ケースワーカーが苦労する

ケースワーカーにとって最も大切な仕事は、「正しく生活保護費を支給すること」です。

なぜなら、**毎月支給される生活保護費（生活扶助）は、被保護者にとって最後の生命線**だからです。生活保護を受けながら仕事をしていたり、年金や児童扶養手当のような公的給付を受けていたりする被保護者は、生活保護費とは別の収入があるように見えます。しかし、それらは収入認定され、一部控除はあるものの、生活保護費の支給額から差し引かれます。そのため、支給される生活保護費が最低限度の生活を維持するために必須のものであることには変わりありません。

しかし、残念なことに正しく生活保護費が支払われていなかった事例を報道で見ることがあります。その内容や程度はさまざまですが、**正しい支給が行われないと被保護者が困るだけではなく、同時にケースワーカーも困る**ことになります。

誤って少ない額で支給した場合や支給されていなかった場合は、正しい支給額を再計算するなどして追加で支給しなければいけません。また、過支給であった場合は、その額を確定させるとともに、生活保護法第63条に基づく返還決定を行う事務処理を行わなければなりません。さらに、5年以上前の過支給については時効の関係で返還を求められないこともあります。

また、誤支給で影響を受けた被保護者に謝罪をしたり、報道発表を行ったりと、間違った手続きをしていなければ行う必要がなかった事務や対応も生じてしまいます。当然、他の被保護者に接する時間も削られてし

まいます。

　このように、正しく生活保護費を支給することは、被保護者・ケースワーカー双方にとって大切なのです。

■生活保護法

（費用返還義務）

第63条　被保護者が、急迫の場合等において資力があるにもかかわらず、保護を受けたときは、保護に要する費用を支弁した都道府県又は市町村に対して、すみやかに、その受けた保護金品に相当する金額の範囲内において保護の実施機関の定める額を返還しなければならない。

■地方自治法

（金銭債権の消滅時効）

第236条　金銭の給付を目的とする普通地方公共団体の権利は、時効に関し他の法律に定めがあるものを除くほか、これを行使することができる時から5年間行使しないときは、時効によつて消滅する。普通地方公共団体に対する権利で、金銭の給付を目的とするものについても、また同様とする。

2〜4　（略）

▶▶▶収入申告は忘れずに処理する

　生活保護費の変更で、最も注意しなければならないのが、「**世帯の収入の変化**」です。生活保護費は、算出された最低生活費の額から収入を差し引いた、被保護者が生活を送るうえでの不足額を補うのが基本です。そのため、世帯の収入額を正しく把握しないと、**払いすぎや払い忘れ**が発生します。

　世帯の収入は被保護者から提出される「収入申告書」で確認します。基本的には自己申告によるもので、就労収入などは給与明細を添付するなど正しい申告かを確認する必要があります。

担当する世帯が多いと、確認作業だけでも一苦労です。世帯収入の変化がほぼない世帯は、収入申告書の提出を3か月に一度にしていたりすることもあるので、提出漏れがないかを世帯一覧や訪問計画表などを頻繁に目の触れるところに置くなどして必ずチェックしましょう。そして、提出された収入申告書は溜めずに、すぐに事務処理しましょう。

▶▶ 間違いやすい生活保護費の算定に注意する

収入申告書などの書類を溜めて、保護の決定処理を遅らせてしまうのは論外です。しかし、急ぐあまり、曖昧な知識で認定要件を誤ったまま保護の決定を処理してしまうと、後々の修正処理に大きな手間がかかる恐れがあります。

次のページの図表46は、収入の認定や世帯の変更処理で特に間違いやすいポイントを整理しています。保護の決定にあたっては、「わかっているつもり」は危険です。要件などの確認を徹底しましょう。

▶▶ 変更を被保護者に伝えることができるようにする

生活保護事務のシステム化が進んだ結果、年齢改定、基準額改定や就労収入の基礎控除など生活保護費の変更は自動で処理される部分が多くなりました。最近ではあまり自分自身で変更額を計算することはないかもしれませんが、一度はやってみて、実際の収入と収入認定額の差異を知っておくのがよいでしょう。

被保護者は、生活保護費が変更されることに非常に敏感です。特に前月よりも支給された生活保護費（生活扶助費）が減ると、ケースワーカーによく質問をしてきます。その際、わかりやすくかみ砕いて説明できると、それだけで被保護者からの信頼感の醸成につながります。

主に年度初めに行われる基準額改定は、**例年3月に行われる厚生労働省の社会・援護局関係主管課長会議**で示され、ホームページにも掲載されます。ケースワーカーの皆さんが頼りにする生活保護手帳にその改正が反映されるのは半年ほど先なので、担当する被保護世帯に影響のある

改定については、常に注意を払っておくようにしましょう。

図表46　収入や世帯の変更にあたって注意したい主なポイント

種別	間違いやすいポイント
就労収入	必要経費として控除できるものの範囲 「次官通知」第8-3-(1)-ア-(イ)
高校生の アルバイト収入	大学等への進学や就職に向けた貯蓄による収入認定除外 「次官通知」第8-3-(3)-ク（本書4-9参照）
その他の収入	8,000円の控除は個人や収入ごとではなく、「その他収入」に あたる世帯合算収入に充てられる 「次官通知」第8-3-(2)-エ-(ア)
障害者加算	・身体障害と精神障害では同じ障害等級でも加算等級が異なる ・精神障害での認定更新時に障害等級の変化がないか（本書 　4-6参照） ・入院・入所時に重度障害者加算、家族介護料加算、他人介 　護料加算を算定していないか 「告示」別表第1第2章-2-(2)～(5)
仕送り収入	仕送りが止まったり、額が変わっていたりしないか
住宅扶助 （家賃）	共益費にあたる部分が家賃として含まれていないか
住宅扶助	6か月を超えて入院・入所することが明らかな場合は原則支 給できない 「局長通知」第7-4-(1)-エ-(ア)

5|3 ◎…仕事量を 可視化して 共有する

▶▶ 書類の放置がミスの元

　保護の変更に必要な書類の整理は、ケースワーカーの事務処理を効率的に進めるために必須です。

　収入申告書など被保護者から提出される書類だけでなく、医療券を発行するために送られてきた医療要否意見書、戸籍や預貯金口座、医療機関、勤め先などへ送った各種の照会の回答など、生活保護の事務では多くの書類のやりとりがあります。さらに、保護記録が紙媒体だと、その簿冊もケースワーカーの机の上に広がります。

　一番まずいのは、これらの書類を整理せず、山積みにしてしまうことです。新しい書類が届いたり、簿冊が必要になったりする度に、上へ上へと積み上げて地層化してしまうと、最初に提出された書類は地層の最深部に潜ってしまい、処理漏れや遅延につながります。処理の終わった書類や冊子、回覧されてきた会議資料なども置く場所がなければ、何も考えずにそこに積み上げられるでしょう。

　「さすがにまずい」と感じ、見た目だけでも片づけようとして机の引き出しに書類をしまい込んでしまうと最悪です。見えるところに書類がなければ処理が遅れていても気づけず、同僚やSVが処理状況を把握できず、気づいたときには手遅れです。

　そうしないためにお勧めしたいのが、「書類を寝かせず立たせる」「色を使って判断しやすくする」「常に引き継ぎを意識して準備する」の3点です。

▶▶ 書類は立たせて、分量を可視化する

届いた書類は机の上に積み重ねていくのではなく、立てて並べましょう。

被保護者から提出された収入申告書などは、クリアファイルなどでひとまとめにします。この際、**1案件につき1つのクリアファイル**にして、何種類も雑多にまとめないように気をつけます。また封書で届いたものは、開封して中身を確認して、必ずクリアファイルに移します。

次に、ブックスタンドでもかまいませんが、できれば持ち運びできるファイルボックスを用意して、書類を入れたクリアファイルをその中に立てて並べます。

後は、右側からでも左側からでも、自分の決めた方向から順にその書類を1つずつ処理していきましょう。

図表47　ファイルボックスを使った整理法

クリアファイル1枚に
1案件の書類を入れる

例：左に入れて　→　右から
処理する

ファイルボックスに
立てて入れる

この整理法のメリットは、溜まっている書類の分量が可視化されることです。立てた書類の分量を見て「書類が溜まっているから今日は家庭訪問をやめて事務処理を中心にしよう」などと、その日の優先度を考えて仕事をコントロールすることができます。

また、ファイルボックスに立てた書類が入りきらないほどの分量になれば、同僚に助けを求めたり、SVに相談したりするタイミングだと判

断できます。

　机の上に積むのと違い、事務処理が必要な書類だけ場所を決めて立てるので、処理が不要なものと混ざることがありません。そして、終業時には、ファイルボックスごと鍵のかかるところに保管すれば、個人情報の入った書類を見られたり紛失したりすることを防げます。

　書類は「しまわず、隠さず、立てておく」ところからはじめましょう。

▶▶ カラールールで判断を高速化する

　書類の分類はクリアファイルとファイルボックスだけでも効率化できますが、さらにすばやく判断するためには「色を使う」とよいでしょう。

　一般的な無色透明のクリアファイルに加えて、色の付いたクリアファイルを数種類用意します。イベントや事業周知などで作られる文字や絵の入ったものではなく、必要なときに容易に入手できる色つきで透明のもの、例えば赤、青、黄の三原色のものなどを選びましょう。もし色のついたクリアファイルを入手できないのであれば、色の付いたビニールテープを貼るなどしてもかまいません。

　被保護者から提出された書類などは、いったん透明のクリアファイルに入れ、ファイルボックスに立てます。そして、時間が空いたときに用意した色つきのクリアファイルに、次頁の図表48のように自分で決める「カラールール」に沿って書類を移し替え、処理する順番に並び替えます。「カラールール」は、そのクリアファイルに収めた書類の種別や優先度を色で判断する基準です。赤は○という作業、青は□の作業といった具合に、事務処理の優先度別に分けても、事務処理内容別に分けてもかまいません。

　ファイルボックス内の書類がすべて無色透明のクリアファイルに収められていた場合、処理が必要な分量はすぐにわかるものの、どんな処理が必要かは取り出して確認しないとわかりません。しかし、色の付いたクリアファイルに移し替えれば、中身を見なくても「○色のファイルがあるから、◇◇の事務処理をしなければいけない」ということが瞬時にわかります。

色	ルール	収納する書類例
透明	・他の色に分類する前の一時的収納 ・具体的な事務処理を必要とせずファイルなどに編綴するだけのもの	診療報酬明細書（レセプト）、個別に決裁した訪問記録など
赤	保護変更など処理期限が決まっており、事務処理の優先度が高いもの	収入申告書、各種一時扶助申請書など
黄	処理期限がないかあっても明確に決められておらず、優先度は赤よりも低いが事務処理を必要とするもの	医療要否意見書、29条照会回答書類、求職活動報告書、家庭訪問時の面接メモなど
青	事務処理は必要とするが、照会・確認中ですぐに事務処理できないもの	ケアプラン未提出の介護扶助申請書、記載に誤りがあり確認中の書類など
黒	生活保護、ケースワーカーの業務外の書類で処理が必要なもの	ケースワーカー自身が総務課や人事課に提出する書類など

　カラールールに沿った分類を始めると、仕事を整理する習慣がつきます。作業の合間に透明なクリアファイルから色付きのものに移し替えたり、1日の仕事を終えるときや始業時にクリアファイルを次の日やその日に処理する順番に並び替えたりするようになるのです。

　仕事を溜めないためには、仕事量を可視化して、**書類の確認や仕事の選別などの無意識に行うムダな作業を減らす**ことが効果的です。

▶▶▶ いつでも同僚に引き継げるよう準備する

　仕事を溜めないようにするためにもう1つ必要なのが、仕事を自分1人で抱え込まないように、引継ぎを意識して仕事をすることです。引継ぎというと、人事異動や担当地域の変更に伴い、受け持っている被保護者の情報や事務処理を後任に引き継ぐことをイメージするかもしれません。そうではなく、ここでの引継ぎは、担当者が不在のときに対応をスムーズに引き継ぐ方法を指します。

　ケースワーカーは家庭訪問に行ったり、医療機関や介護施設に出向いたりして、自席にいない時間がしばしばあります。しかし、ケースワーカーの不在時にも、被保護者が来所して相談を希望したり、指示してい

た書類を持ってきたり、入院先の医療機関から電話連絡があったりします。その結果、不在時にも仕事がどんどん増えていく事態が発生します。

　出先であってもすぐに連絡が付けられたり、不在時の対応がルール化されていたりすればよいのですが、自身の担当外のものは「担当のケースワーカーがいるときに連絡してほしい」といった不十分な対応で終わることがほとんどです。出先から戻り、「自分がいるときに来てくれれば、二度手間にならずに済んだのに……」と思いながら被保護者に電話をかけたもののつながらず、ため息をつくこともしばしばあります。

　外出前に来所が見込まれる人のリストや対応のメモを手渡したり、自身の不在時の対応を頼んでおいたりしている人もいるでしょう。それを一歩進めて、不在時の対応を次のように具体的に見えるようにすれば、同僚との連携をスムーズに行うことができます。

①不在対応シートを作っておく

　不在時の対応を同僚にお願いする「不在対応シート」を作成しましょう。

　どんな紙でもよいので、行き先・目的、帰庁予定時間、いざというときの連絡方法を書くことのできるテンプレートを作って、透明なクリアファイルに挟みます。それを、家庭訪問などの外出時に自席の見えやすいところに立てておきます。

　不在表示としてはこれだけでも十分ですが、加えて、不在時対応として次の2つのお願いを書いておきます。

> ・書類はファイルボックスに入れてください
> ・来庁者には折り返しの連絡をいつ入れたらいいかを聞いてください

　シンプルなものですが、この2つのお願いが意外と効きます。

　不在時に提出された書類が他の書類などと混ざらないように、ファイルボックスの所定の位置に入れてもらえれば、帰ってきたときにすぐに

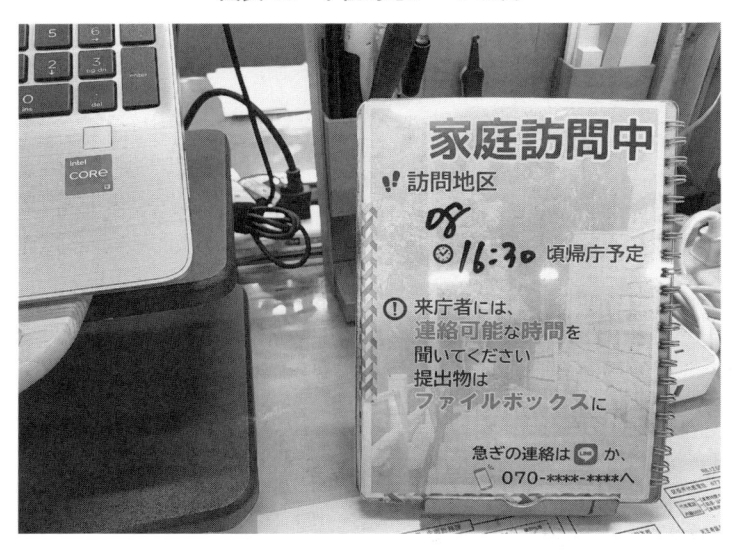

気づくことができます。また、急な来庁者があった場合も、その後のアクションをどうすればよいかがわかれば空振りを防ぐことができ、安心して仕事を片づけることができます。

②被保護者の情報は探さずに見られるようにする

被保護者の情報や指示の内容は、上司や同僚が容易に確認できるようにしましょう。

自分がしなければならないことや予定を手帳やノートに書く人は、被保護者に伝えた指示内容や面接時のメモも同じ手帳やノートに書くことが多いかと思います。しかし、1冊の手帳やノートにまとめると、いざ特定の被保護者の情報が必要になったときに取り出しにくくなってしまいます。

こうした被保護者の情報は、雑多に複数の被保護者の情報をまとめて1か所に放り込むのではなく、**一対一の関係で情報の置き場を決めること**が大切です。

具体的には、Aという被保護者に「○○という書類を提出するように」

と伝えた場合、その指示内容を付箋に書き出して、Ａの保護台帳（ケースファイル）の表紙や表紙裏に貼っておくなどの方法を取ります。ＢやＣという被保護者への指示は、ＢやＣの保護台帳に貼ります。

保護台帳のような冊子ではなくても、世帯ごとに情報を整理した世帯票のようなものや、生活保護のシステムにメモ欄があればそこに書き込む形でもかまいません。大切なのは、ルールを１つだけ決めて、その被保護者の情報を知りたいときに、迷いなく情報がある場所にたどり着けるようにするということです。

この方法で被保護者の情報を整理すると、担当ケースワーカーが不在でもその被保護者の情報を伝えることができます。そして、人事異動や担当者の変更があったときでも、複雑な引継ぎは不要になります。

▶▶▶情報をしまい込まずにチームで処理する

ケースワーカーは、担当する被保護者や地域が割り当てられると、すべての業務を１人で責任をもってこなさなければならないと考えがちです。しかし、被保護者への助言・指導は、ケースワーカー１人の判断ではなく、同僚や上司、関係者の協力を得て、さまざまな視点からより良い方向性を見出していくことが大切です。

１人で抱え込んで、仕事が終わった後も被保護者のことをあれこれ考えてしまうのではなく、仕事の時間が終わったら頭の中にある情報はすべて片づけて、オンとオフの状態を明確につけましょう。

書類や仕事を整理することで、個人の負担を軽減し、同僚、上司と情報を共有しチームとして生活保護業務に取り組むことができるようになります。

5 | 4 ◎…的確な調査で世帯状況を把握する

▶▶ 正しい申告と的確な調査が生活保護を支える

5−2で解説した「生活保護費を正しく支給する」ためには、被保護者の資産や収入状況を的確に把握しなければなりません。

被保護者には生活保護を受けるにあたって各種届出の義務があり、ケースワーカーは基本的にその届出に基づいて生活保護の決定を行います。しかし、届出が遅れたり不正確だったりすると、生活保護費の誤支給や不正受給につながる恐れがあります。

そのため、ケースワーカーは被保護者に対して正確な申告や報告を求めるとともに、被保護者の資産状況や収入を調査し、確実に把握しなければなりません。

ここでは、俗に「29条調査」と呼ばれる関係機関調査と、被保護者の収入状況を客観的に把握する課税調査について説明します。

■生活保護法

（届出の義務）

第61条　被保護者は、収入、支出その他生計の状況について変動があつたとき、又は居住地若しくは世帯の構成に異動があつたときは、すみやかに、保護の実施機関又は福祉事務所長にその旨を届け出なければならない。

▶▶ 調査の前に被保護者に確認する

　ケースワーカーは生活保護法第29条に基づき、保護の決定や実施のために必要であれば関係機関に調査を依頼することができます。しかし、あらゆる事項を関係機関に照会していては、時間も労力も足りません。また、雇用先にいきなり調査書類を送ると、被保護者が生活保護を受けていることを知られてしまいます。そのことで被保護者が雇用先で働きにくくなってしまっては、世帯の自立をめざすうえで本末転倒です。

　被保護者の資産や収入の状況は「資産報告書」「収入申告書」などの申告書類を定期的に取り、面接時にその内容について被保護者に尋ねて確認しましょう。疑義が生じたときは、被保護者に疑問をぶつけて事実確認ができる資料の提出を求めますが、それでも疑問が解消されないときは関係機関の調査を行います。

　「29条調査」というと、不正受給を探すためのものと誤解されがちですが、**実際には被保護者からの申告が正確であることを確認する目的で行うもの**です。闇雲に調査するのではなく、的を絞った調査を基本に据えましょう。

■生活保護法

　（資料の提供等）

第29条　保護の実施機関及び福祉事務所長は、保護の決定若しくは実施又は第77条若しくは第78条の規定の施行のために必要があると認めるときは、次の各号に掲げる者の当該各号に定める事項につき、官公署、日本年金機構若しくは国民年金法（昭和34年法律第141号）第3条第2項に規定する共済組合等（次項において「共済組合等」という。）に対し、必要な書類の閲覧若しくは資料の提供を求め、又は銀行、信託会社、次の各号に掲げる者の雇主その他の関係人に、報告を求めることができる。

　一・二　（略）

2　（略）

▶▶▶29条調査でできる範囲を理解する

　関係先への照会は主に書類で行います。公的な機関であれば閲覧が可能ですが、雇用主その他の関係人が相手先であれば、書類を入手することができず電話での報告を聞き取るだけになることもあります。

　閲覧や会話だけで調査を済ませる場合でも、生活保護の決定・実施にあたって得た情報は可能な限り正確に保護記録に残しましょう。調査した情報を元に保護の変更などを行った場合、その手続きの正しさを証明するのは、ケースワーカーが作成した保護記録のみです。特に、変更決定によって被保護者に支給される生活保護費が減額されたり、返還金を求めることになったりする場合は、調査の経緯や正当性が問われる可能性があります。そのため、調査は可能な限り書類などの形に残すようにしましょう。

　また、29条調査で照会できる範囲は次の図表のとおりですが、下線部は被保護者が生活保護を受けている（いた）期間に限られることに注意が必要です。逆にいえば、**生活保護を廃止した後であっても返還金の額を決定するなどの目的で、保護していた期間の収入状況を金融機関や雇用主に調査することは可能**です。

図表50　29条調査で調査できる範囲

対象	範囲
要保護者 被保護者	氏名及び住所又は居所、**資産及び収入の状況**、健康状態、他の保護の実施機関における保護の決定及び実施の状況<u>その他政令で定める事項</u>
扶養義務者	氏名及び住所又は居所、**資産及び収入の状況その他政令で定める事項**

▶▶▶課税調査で収入額を確認する

　関係機関への調査の中で、毎年1回必ず行うのが「課税調査」です。

　生活保護世帯は非課税世帯であるため、市町村民税が課税されていません。しかし、市町村民税は本人の確定申告や市町村民税申告もしくは

勤務先からの給与支払報告書を元に決められています。これは生活保護世帯も同様で、仕事をしていれば雇用先（給与支払者）が給与支払報告書を作成して市町村長に提出することが義務づけられています（地方税法第317条の6）。

ケースワーカーは、これらの給与支払者から提出された給与支払報告書や個人事業主であれば確定申告を元にした課税資料上の「収入」と、福祉事務所（ケースワーカー）に被保護者から提出された収入申告書で申告のあった「収入」に違いがないかを確認します。

市町村民税の課税額は前年の収入に基づいて決まります。課税資料（課税台帳）を閲覧できるようになるのは毎年6月頃なので、確認できる収入は半年から1年半前のものになります。不正受給の約6割は稼働収入の無申告や過少申告によるものとされており、課税調査をきっかけに発見されるケースも少なくありません。

課税調査で確認すべきポイントをしっかりと把握しましょう。

図表51　課税調査時の主なチェックポイント

ポイント	内容
収入月と収入認定月のズレ	給与の支払が月末近い日だと、収入認定月は翌月になる。課税調査では収入認定月ではなく、本人が給与を受け取った月で集計する
収入に含まれるもののズレ	課税資料で確認できる給与収入額には、通勤手当は除かれ、雇用保険料や所得税が含まれている。年金収入の場合は、特別徴収された介護保険料が含まれている
年金受給月の収入認定月のズレ	年金は偶数月に受け取るが、収入認定はその月と翌月（12月に受け取った場合は12・1月）に認定する。そのため、年金収入は前年2月から当年1月の収入認定と比べる必要がある
給与支払元の認識のズレ	課税資料で確認できる給与収入額（A）よりも収入認定額（B）が多いからといって安心できない。被保護者が複数の就労先から給与を得ているにもかかわらず、Bの収入だけ収入申告している可能性がある。また、Bの会社が給与支払報告書を提出せず、Aの会社だけが給与収入額として計上されている場合がある

課税資料と収入申告の額が一致しない場合は、収入申告額が多い・少ないに限らず、引き続き調査が必要です。給与収入の場合は、雇用先を

特定し、被保護者本人にその相違について説明や確認できる資料の提出を求めます。説明や確認資料の提出に応じない場合は、雇用先への調査も検討することになります。収入の無申告、過少申告が引き続き行われている場合、不正受給による被害額はどんどん膨らんでいきます。

調査でわかったことはすばやく確認し、収入認定額を正しいものに変更するなど適切な処理を行いましょう。

▶▶▶ 預貯金明細は額だけでなく中身を見る

デジタル社会の進展に伴い、紙の通帳を発行しない金融機関も出てきています。これまでであれば、入出金の履歴を記帳した預貯金通帳を提出させていましたが、今ではスマートフォンやパソコンで確認できるため、被保護者が入出金明細の提出に応じないケースも出てきています。しかし、画面表示では改ざんのリスクや履歴の網羅性に欠けるため、正式な書類や金融機関への照会が必要です。

こうした状況では、金融機関への照会の重要度が相対的に高まります。ただし、被保護者に通帳を提出させるのと比べて、29条調査は時間がかかるのが実情です。被保護者とのやり取りとは別に、速やかに金融機関に照会をかけて資産状況を確実に把握しましょう。

預貯金明細を取得した際は、預貯金残高や保護開始時の残高を確認することはもちろん、**入出金の中身を精査する**ことが**大切**です。

収入や支出の流れを見ると、申告されていない収入や親族などとの金銭のやりとり、公共機関への支払いの有無などから生活実態が明らかになる場合があります。図表52で示すように、入出金額やその内訳をしっかりと確認しましょう。

家庭訪問や被保護者とのやり取りはケースワークの基本ですが、調査でしか把握できない事実もあります。世帯状況を正確に把握することで、より被保護者の実態に即した支援が可能になります。関係先調査をおろそかにせず、適切に対応しましょう。

図表 52　預貯金口座の入出金のチェックポイント

日付	入金	出金	残金	摘要
04.26	2,500,000			まとめ記載
04.26		2,500,000		まとめ記載
05.01	109,000		109,000	保護費（Ｘ市）
05.01		108,000	1,000	カード
05.01		500	500	Ａ電力
05.02	10,000		10,500	カード
05.02		10,000	500	JRA
05.07	25,000		25,500	JRA
05.08	50,000		75,500	
05.08		70,000	5,500	カード
05.12		5,000	500	カード
05.14	40,000		40,500	カード
05.15		38,000	2,500	カ)C住宅管理
05.22	30,000		32,500	ナニワタロウ
05.23		20,000	12,500	ナニワジロウ
05.27	20,000		32,500	ヨドカワハナコ
05.29		10,000	22,500	カード

まとめ記載の期間は、必ず預貯金明細を取り確認する

極端に公共料金の支払額が少ない場合、非居住の可能性あり

公営ギャンブルの入出金は、収入認定に注意

摘要に見知らぬ人物の名前がある場合は、仕送りや個人売買の可能性あり

電気・ガス・水道・通信料金の出金が見当たらない場合は未申告の口座がある可能性あり

※金融機関により記載内容は異なります

5 | 5 ◎…扶養援助よりも「つながり」を調べる

▶▶ 扶養援助は生活保護を受ける必要条件ではない

　生活保護法第4条第2項では、**扶養義務者の扶養は保護に優先して行われること**とされています。ここでの「保護に優先」は扶養義務者からの扶養が生活保護を受けるための条件ではありません。

　とはいえ、扶養援助の有無が生活保護を受けるための条件ではないからといって、援助を受けなくてよい、扶養義務を果たさなくてよいというわけでもありません。

　特に未成年の子どもに対する親の生活保持義務（民法第877条）は、生活保護法を受ける、受けないにかかわらず、子どもが健やかに育つための権利の行使です。

　扶養援助は生活保護の必要条件ではありませんが、生活保護から自立するため、また、子どもにとっては将来生活保護を受けずに生活していく、つまり「**貧困の連鎖**」を防ぐための大切な手続きの1つです。生活保護の要否を決めるための扶養援助ではなく、生活保護を受けている被保護者（子ども）を支援する視線で扶養援助を考えましょう。

■生活保護法

　（保護の補足性）

　第4条　（略）

　2　民法（明治29年法律第89号）に定める扶養義務者の扶養及び他の
　　法律に定める扶助は、すべてこの法律による保護に優先して行われる
　　ものとする。

■生活保護法による保護の実施要領について（局長通知）

第5　扶養義務の取扱い

1　扶養義務者の存否の確認について

(1)　保護の申請があったときは、要保護者の扶養義務者のうち次に掲げるものの存否をすみやかに確認すること。この場合には、要保護者よりの申告によるものとし、さらに必要があるときは、戸籍謄本等により確認すること。

ア　絶対的扶養義務者

イ　アを除く3親等以内の親族のうち、実際に家庭裁判所において扶養義務創設の審判がなされる蓋然性が高い、次のような状況にある者（以下「相対的扶養義務者となり得る者」という。）

(ア)　現に当該要保護者又はその世帯に属する者を扶養している者

(イ)　過去に当該要保護者又はその世帯に属する者から扶養を受ける等特別の事情があり、かつ、扶養能力があると推測される者

▶▶ 扶養義務者を把握するには戸籍を読むことから

　被保護者の扶養義務者は申請時の書類などで確認できます。しかし、夫婦や親子、家族といった関係性が途切れてしまうと不正確な情報になり、現在の居住先などを被保護者が知らないこともあります。

　被保護者から提出された扶養義務者の状況を確認する意味でも、戸籍や住民票を関係先調査の1つとして**「戸籍の全部事項証明書」**（一般的に「戸籍謄本」と呼ばれるもの）や**「戸籍の附票」**を取得して、被保護者の扶養義務者をしっかりと把握しましょう。

　戸籍は第二次世界大戦後、大きく二度の法改正により図表53、54、55のとおり様式（見た目）を変えています。そのため、主に高齢の被保護者の親族を調査するときに、古い様式が混じります。それぞれで記載場所などが異なっているため、どこにどのように書いているかを知っておく必要があります。

　大正4年式の戸籍であれば戸主の記載欄に、昭和23年式、平成6年

式の戸籍であれば先頭に、その戸籍がいつ編製され、いつまでの記録が残されているのかが書いてあります。個人の身分事項欄を見ると、その人が戸籍に記載されたとき、その戸籍から除かれたときを確認できます。

図表53　大正４年式戸籍の記載例

明治19年式戸籍から続く「家」を単位にして、戸主を中心に家族・親族関係が広範囲にわたって記録された戸籍。家督相続により新しい戸主に引き継がれ、戸籍も新しく切り替わって編製される。

戸籍の編製事項も戸主の記載欄に記載される
家督相続の場合は、同じ本籍地に前戸主の除籍謄本が存在する

戸主からみた続柄
現行戸籍と異なり、直系・傍系親族が家単位ですべて同じ戸籍に記載される

（本籍）
大阪市西成郡中津村○○捨弐番地

毎田をとめと婚姻届出大正五年弐月拾日受附
大正拾弐年参月壱日前戸主留次郎死亡ニ因リ家督相続
届出参月参日受附
和歌山県有田郡湯浅村△△千弐百拾六番地ニ転籍届出
昭和四年弐月弐日湯浅村長本町健吾受附同月弐拾参日送付全戸除籍

京都府葛野郡嵯峨村××弐百
大正五年弐月拾壱日天王寺健吾受附同月拾参日送付入
町健吾受付同月拾参日送付入

□八拾壱番地森之宮吾介参女明王寺留次郎ト婚姻届出同日入籍
留次郎死亡ニ因リ婚姻解消

主戸前	主戸	母	妻
天王寺 留五郎	天王寺 健作	いと	をとめ

（主戸前）
前戸主トノ続柄　天王寺留次郎長男
父　天王寺留次郎
母　いと
出生　明治弐拾壱年拾月参日

（母）
父　森之宮　吾介
母　しずく
出生　明治元年拾月拾日
四女

（妻）
父　梅田　寿吉
母　梅
出生　明治弐拾九年拾壱月九日
長女・本

図表 54　昭和 23 年式戸籍の記載例

戸籍の基本単位が「家」から「夫婦」に変更され、夫婦とその未婚の子どもで構成されるようになった戸籍。戸主に変わり筆頭者が先頭に記載されるようになったが、筆頭者が死亡しても新しい戸籍に引き継がれることはなくなった。

戸籍の編製事項は、個人の身分事項と分けて書かれる

本籍　大阪市北区○○捨弐番地

氏名　天王寺　次郎

出生の届出により昭和弐拾五年拾月九日
父母につき本戸籍編製
大正元年八月参拾日大阪府西成郡中津村△△拾番地で
出生同月九日父届出入籍
天満八重と婚姻届出昭和弐拾五年六月八日受附
昭和参拾八年拾月八日
昭和四拾五年六月九日午前壱時壱分大阪市北区△△八
番で死亡同居の親族天王寺雅文届出同日除籍

昭和四拾九年五月弐拾六日消除

妻春子死亡

昭和弐拾年六月八日天王寺次郎と婚姻届出
□□参拾壱番値天満一作戸籍より同日入籍
昭和弐拾五年拾月九日夫とともに入籍
昭和参拾八年拾月八日午後七時弐拾分大
△拾壱番で死亡同居の親族天王寺雅文届出同

昭和弐拾弐年八月八日大阪市北区◇◇四丁目八番で出
生同月拾日父次郎届出入籍
昭和五年拾壱月九日母に伴い入籍
昭和拾七年拾弐月九日難波裕子と婚姻届出同月拾弐
日東京都墨田区長から送付同区☆☆弐丁目一番に夫の氏
の新戸籍編製につき除籍

個人の身分事項に入籍、転出の事項が記載される

区分	父母	氏名	出生
夫	父　亡　天王寺　健作　母　をとめ	次郎（弐男）	大正元年八月参拾日
妻	父　亡　天満　一作　母　おとめ	春子（弐女）	大正六年五月拾七日
子	父　天王寺次郎　母　春子	雅文（長男）	昭和弐拾弐年八月八日

139

戸籍をコンピュータで管理することになり、横書きで身分行為が箇条書きされるようになった。

		全 部 事 項 証 明
本　　籍	大阪市北区○○弐丁目拾弐番	
氏　　名	天王寺　翔太	
戸籍事項		
戸籍改製	[改製日]平成１７年３月１８日 [改製事由]平成６年法務省令第５１号附則第２条１項による改製	
戸籍に記載されている者	[名] **翔太** [生年月日]昭和４９年５月２６日　　　　　　[配偶者区分]夫 [父]天王寺雅文 [母]天王寺裕子 [続柄]長男	
身分事項		
出　　生	[出生日]昭和４９年５月２６日 [出生地]東京都墨田区 [届出日]昭和４９年５月３０日 [届出人]父 [送付を受けた日]昭和４９年６月３日 [受理者]東京都墨田区長	
婚　　姻	[婚姻日]平成１６年２月１日 [配偶者氏名]竹上由紀 [従前戸籍]東京都墨田区☆☆弐丁目一番　天王寺雅文	
戸籍に記載されている者		

・戸籍の編製事項は、冒頭に書かれる
・改製であれば、同一地番、同一筆頭者で除籍謄本（昭和23年戸籍）が存在する

個人の身分事項に入籍、転出の事項が記載される

▶▶扶養援助調査を行う前に被保護者に話す

　戸籍や附票の調査により扶養義務者が判明したら、すぐに扶養援助調査を行うのではなく、まず被保護者に**現在の関係性**を尋ねましょう。

　扶養義務者の状況については、申請時に聞き取りしたり資料を提出してもらったりしていると思います。配偶者や親からの DV などにより、元の世帯から離れて生活し、近親者も含めて現住所を知られたくない事情を持つ被保護者もいます。ケースワーカーの言葉で被保護者を心理的に追い込むことのないよう慎重に対応しましょう。

聞き取りたい状況は主に2点で、「被保護者から連絡をとることができるか？」「その扶養義務者と最後にいつ会ったか？」です。この質問に「連絡できない」「何年も会っていない」と答えるようであれば、金銭的な扶養援助を求めることはそもそも難しいと考えられます。連絡を頻繁にとっていたり、直近に会っていたりするほど扶養義務者との関係性が良好であれば、どんな用件で連絡したり会ったりしているのか、生活保護を受けていることを話しているかなど、もう少し詳しい質問をして関係性を確認します。

扶養義務者との関係性が良好であれば、扶養援助調査について被保護者に切り出しましょう。この際、金銭的な扶養援助の可否を調査するということではなく、ケースワーカーが直接扶養義務者に連絡を取ってよいかを先に確認します。断られた場合は、ダメな理由を確認し、その後の扶養援助調査の意味などを伝えて照会の可能性を図りましょう。

▶▶▶ 扶養援助は金銭的なものだけではない

扶養援助照会を行うとき、世帯の収入となる金銭的な援助ができるかどうかを確認することも大切ですが、それ以上に重要なのは、**物理的・心理的な援助ができるかどうか**です。

4-3で述べたとおり、被保護者の入院や手術時の同意、単身被保護者が死亡したときの後片付けなどケースワーカーが代行できない事柄を依頼できる扶養義務者がいれば、いざというときに慌てて善後策を考えるような事態に陥りません。また、ケースワーカーの指示や助言が受け入れられなくても、近親者（父母や祖父母）の話なら素直に聞いてくれるというケースもあり、扶養義務者とケースワーカーの関係性を築くきっかけにもなります。

被保護者の支援はケースワーカー個人ではなく、チームでアプローチするのが基本です。そのチームに、被保護者の近親者が含まれるのであれば、こんなに心強いことはありません。

金銭的な援助を求めるだけではなく、チームメンバーを探し役割を意識づける意味でも扶養義務者の把握、扶養援助照会を行いましょう。

5｜6 ◎…保護記録は書く順序と内容をパターン化する

▶▶ 保護記録は一番の引継書

　保護の開始、家庭訪問、面接、保護の変更などの対応を行った際は、「記録を書く」ことまでを一連の事務処理に含めてください。

　しばしば、家庭訪問に時間をかけすぎて終業時刻間近まで対応し、記録の作成を時間外や翌日以降に後回しにするケースワーカーが見受けられます。しかし、保護記録は、生活保護の変更など被保護者への決定行為がいつどのように行われたかを示す重要な公文書です。被保護者からどれほど重要な話を聞き取ったとしても、ケースワーカーの胸の内に留めていては意味がありません。

　また、SVや後任者もその記録を元に被保護者の支援を続けます。例えば、突然の人事異動で後任にケースワークを引き継ぐことになったとしても、記録を渡すだけで引き継げるような状態が理想です。

　「記録を書く」ことに苦手意識を持っている人もいるでしょう。しかし、保護記録は小説などの創造性が求められる文章と違い、ある程度書き方を押さえれば、誰でもうまく書くことができるようになります。

▶▶ 書く順序を理解する

　保護記録を書く際に、まず押さえておきたいのは「書く順序」です。

　記録を書く前に、書こうとしている内容を次の4項目に分け、①から④の順に書くようにしましょう。この流れをあらかじめパターン化しておくことで、記録作成の効率が上がり、**内容の漏れや記載のブレを防ぐ**ことができます。

図表56　保護記録に書く順序と内容

項目	内容
①見出し	その項目に何が書かれているかを簡単に示すタイトル
②事実（確認）	ケースワーカーが見たことや被保護者が話したこと、提出された書類に書かれていることなど客観的に確かなこと
③感想（判断）	「事実」を受けて感じる記録の書き手（ケースワーカー）の主観的な意見や法的解釈など
④処理	保護の変更などの結果

①見出し

　②から④の内容をまとめ、一目で視線を誘導できるようにタイトルをつけます。保護記録が紙であれば、字体を変えたり、太字にしたりするとよいでしょう。

　一般的に、新聞やウェブサイトの記事は、見出しだけで内容の概略を示し、流し読みできるように工夫されています。一方、保護記録の見出しは流し読みではなく、②〜④をしっかりと確認してもらうための「目印」としてつけます。

②事実

　被保護者や関係者との会話、家庭訪問時の室内の状況、関係先調査の結果など、客観的に確認できた事実を誇張することなく記載します。

　面接時の被保護者の様子など、③の感想との分類に悩む場合は、その行為の主体が相手にあるのか、自分にあるのかで分けるとよいでしょう。どちらかわからない場合は③に記載するのが無難です。

（例）
　（②事実）**A さん（被保護者）**はキョロキョロと室内を見回していた。
　（③感想）キョロキョロと室内を見回して、落ち着かない様子に（**ケースワーカーには**）見えた。

---

③感想

②の事実を受けて、ケースワーカーが感じた印象やそこから導かれる判断を書きます。必ずしもすべての事項（事実）について記載しなくてもかまいません。

コメントのように漫然と書くのではなく、②に書いた「見たこと」「聞いたこと」「知ったこと」だけでは、生活保護を行ううえでどんな意味を持つかがわからないときに補足するためのものと考えてください。ケースワーカーの主観的な意見も入るため、個性が出るところでもありますが、保護記録は公文書で情報公開の対象であることを忘れないようにしましょう。単なる悪口と取られるような言葉は慎み、**判断の根拠となる法令や通達などがあれば合わせて書く**ように注意しましょう。

④処理

生活保護の変更処理や、②や③を受けてケースワーカーが行うことがあれば記載します。援助方針や訪問計画の変更など、直接的に生活保護費に影響がない処理も忘れずに書きましょう。

ここでも根拠となる法令や通達を記載することを忘れないように注意が必要です。

▶▶▶ わかりやすい保護記録の書き方・基本ルール

続いて、わかりやすい文章を書くためのコツを説明しましょう。

書く順序と内容を決めても、書く分量が多ければどうしても記録作成の時間も増えてしまいます。あらかじめ記入項目を決めたテンプレートがあれば、各項目に言葉を入れるだけで、ある程度整った記録を作成できます。しかし、どの項目に入れたらよいか迷ったり、決められた枠内に収まらないと思ったりしたときに「書かないでおく」で済ませてしまっては困ります。

書かなければならないことがあるものの、書ける分量が限られているときは、広報紙の記事など**「住民に向けてわかりやすく伝える」**ことを**意識して作られた文章を参考にする**とよいでしょう。例えば、紙媒体の

広報紙や文字数制限のある SNS では、規定の文字数に収めるために文章量を減らす工夫が必要ですが、単に文字数を削るだけでは伝えたい内容を伝えるには不十分になってしまいます。そこで、広報担当者は図表57のようなコツを意識して、文字数を減らしつつ、正確に物事を伝えています。

　家庭訪問や面接の記録はあまり文字数を意識することはないため、冗長な文章になってしまうことがあります。自分自身では気づきにくく、気づいたとしても、どう直せばよいかわからない場合もあります。

　ぜひ、わかりやすい文章を書くコツを身につけましょう。

図表57　わかりやすい文章を書くためのコツ

コツ	内容
①一文は短く	一文が長いと文章の構造が複雑になる。一文に入れる内容は1つに絞る
②修飾語を減らす	文章の構造をシンプルにする
③接続詞を減らす	なくても意味が伝わるなら削る
④主述の対応を明確に	主語と述語が一対一で対応するように言葉を選ぶ
⑤箇条書きにする	無理に文章にせず、情報を分ける
⑥重複表現を避ける	「まだ未定」のような同じ意味を重ねる言葉を修正する
⑦結論を最初に	PREP法と呼ばれる、結論を先に述べ、理由、具体例を続ける方法
⑧修飾をわかりやすく	修飾する言葉がはっきりとするよう修飾語はその直前に置く
⑨漢字の分量調整	漢字が続くと見た目にも読みづらくなるため、言葉を置き換えてバランスを整える

　これらのコツをフル活用して保護記録を作成する必要はありませんが、それぞれを意識するだけでも記録の書き方が変わります。

　例えば、今まで長文で書いていたところを「⑤箇条書きにする」だけでも意識すれば、後から記録を見返す際も、箇条書きの部分に注目して読めばよいことがわかります。

図表 58　家庭訪問記録の記載例（改善前）

R7.8.1　定期家庭訪問
　訪問すると世帯主は寝ていた。家の中は布団が引きっぱなしになっており、流しにも洗い物が溜まっておりかなり汚い。ベルを鳴らし、扉越しに（主）に声をかけると不機嫌な様子で「誰？」と言われたので、名乗って面接を行った。
　長男は学校からまだ帰ってきていない。子どもが学校に行っている間は常に自宅で過ごしている様子で、求職活動をしている様子もなく、仕事を探しているかと聞いても返事はなく、就労指導を行った。以前はスーパーで働いていたので接客業はできると思うが、（主）はあまり乗り気ではないらしい。求職状況報告書が 3 か月間出ていないのでちゃんと提出するように言った。長男の進路についても確かめておくように指示した。
　次回訪問は10月の予定。

面接時の情報が整理されておらず、複数の項目が混在している

146

図表 59　家庭訪問記録の記載例（改善後）

R7.8.1 14：00〜14：30　定期家庭訪問
　　面接者：世帯主
　　訪問の目的：（主）の就労指導、（長男）の進路確認

◆**訪問時の状態** ← 見出し

　訪問時、世帯主は寝ており、呼び出しベルの音で起きてきた。室内は暗く、布団は引きっぱなしの状態。朝食時の洗い物もそのまま流しに置かれている。　← 事実

◆**（主）の求職活動状況** ← 見出し

　３か月間、求職活動状況報告書未提出なので、理由を尋ねるが回答なし。以前、スーパーでの就労歴があり、接客業など探してみてはどうかと提案したが、前向きな答えは得られなかった。希望の職種などを聞いても「特にない」と話す。
　就労支援員と今後について相談してみてはどうかと伝え、積極的に求職活動を行い、来月は報告書を提出するように指示した。　← 事実

　→就労意欲が見られず。就労阻害要因も考えられず、今後も同様の状態が続くのであれば、生活保護法第27条による口頭指示も検討が必要。　← 感想

◆**長男の進路について** ← 見出し

　長男は学校から帰ってきておらず不在。中学３年生なので、進路について尋ねてみたが（主）は把握しておらず。普段からあまり話をする機会がないとのこと。次回、家庭訪問時に長男と面接したい旨伝える。　← 事実

【今後の援助方針】
・（主）の就労指導を継続。次月の求職活動報告書の状態から就労支援の活用を検討する。
・長男の進路確認。（主）を通じて日程調整し、臨時家庭訪問を行う。　← 処理
【訪問基準】
変更なし（A2）　定期訪問は次回10月を予定

5 | 7 ◎…「10分調べる」より「10分悩む」を大切にする

▶▶▶ 先例をしっかり調べても、それに囚われない

さまざまな問題を抱えた被保護者からの質問は、すぐに答えることができないこともしばしばあります。そんなときに役に立つのが、生活保護手帳に記された「生活保護法による保護の実施要領の取扱いについて」（いわゆる「課長通知（問答）」）や生活保護手帳疑義問答集に掲載された問答の数々です。さらに、都道府県がまとめた疑義問答や運用事例なども含めると、相当数の先行事例が存在します。

先行事例に類似の案件があれば、目の前の被保護者からの質問にうまく答えられる気になってしまいますが、注意が必要です。世帯構成、性別、収入、住んでいる場所など、多くの場合は先行事例と異なる点があるからです。

例えば、車の保有に関して、公共交通機関がなく、近隣の医療機関まで車がなければ何時間もかかる環境での先行事例を、数分待てば次の電車がやってくるような都会に当てはめることはできません。

先行事例を参考にするときに大切なのは、どのような条件（被保護者の状態など）があって、どの法令や解釈に基づいて判断し、どのように決定したかを理解することです。先行事例をしっかりと調べることは大切ですが、それに囚われて答えだけを真似するようなことはやめましょう。

▶▶▶ 探す時間を「総索引」で省略する

先行事例を参考にする際、生活保護手帳や別冊問答集のような膨大な

資料から、必要な先行事例を探し出すのは容易ではありません。そんなときに役立つのが、私が作成している**「生活保護通知・通達総索引」（総索引）**です。総索引は、生活保護関連の通知・通達や疑義問答がどの資料のどのページに掲載されているかを簡単な語句（キーワード）ですばやく探せるツールです。

図表60　生活保護通知・通達総索引

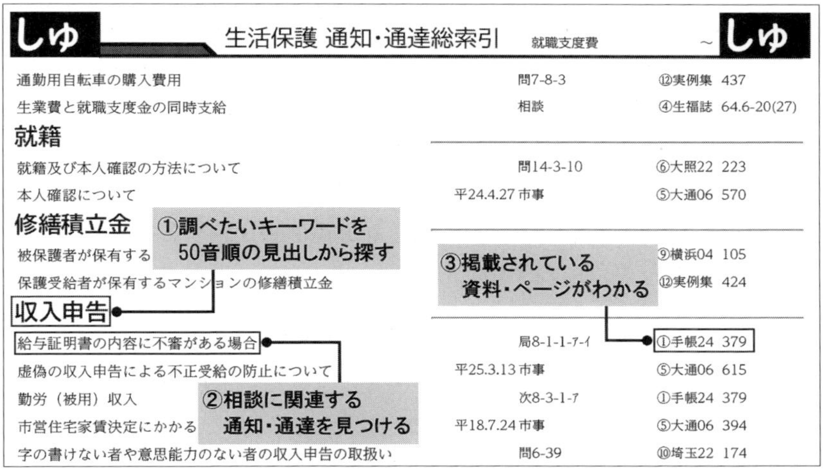
しゅ　生活保護 通知・通達総索引　就職支度費　～しゅ

通勤用自転車の購入費用	問7-8-3	⑫実例集 437
生業費と就職支度金の同時支給	相談	④生福誌 64.6-20(27)
就籍		
就籍及び本人確認の方法について	問14-3-10	⑥大照22 223
本人確認について	平24.4.27 市事	⑤大通06 570
修繕積立金		
被保護者が保有する		⑨横浜04 105
保護受給者が保有するマンションの修繕積立金		⑫実例集 424
収入申告		
給与証明書の内容に不審がある場合	局8-1-1-ｱ-ｲ	①手帳24 379
虚偽の収入申告による不正受給の防止について	平25.3.13 市事	⑤大通06 615
勤労（被用）収入	次8-3-1-ｱ	①手帳24 379
市営住宅家賃決定にかかる	平18.7.24 市事	⑤大通06 394
字の書けない者や意思能力のない者の収入申告の取扱い	問6-39	⑩埼玉22 174

この総索引は、私のブログ（https://utatane.asia/）で公開しています。生活保護に携わるケースワーカーや査察指導員であれば無償で利用できますので、ご活用ください。総索引があれば、**どこにあるかわからない先行事例を探す10分を、目の前の被保護者にどう対応するか悩むために充てる**ことができます。

▶▶1人で悩まずケース診断会議を開く

保護の変更・決定を正しく行うためには、ケースワーカーが１人で悩み、１人で決めるのではなく、SVや同僚を交えたケース診断会議を開いて実施機関（福祉事務所）としての判断を決めましょう。

保護の変更処理や被保護者への説明は、担当のケースワーカーが行い

ますが、生活保護の決定行為は実施機関が行うものです。「三人寄れば文殊の知恵」などとも言いますが、ケースワーカー1人の判断では視野が狭くなってしまいます。被保護者への説明でも「複数の関係者で話し合って決めた」と伝えることができると、ケースワーカー個人が持つ負担感も軽減されます。

ケース診断会議は定例の日時を決めていることもありますが、困った事例があれば日時にこだわらず柔軟に設定して実施します。参加者としては直接の上司であるSVや同じSVの元で指導を受けている同僚ケースワーカーなどで行うことが多いかと思います。可能であれば、他のSVや相談する内容に応じて、医療担当や経理担当、就労支援員なども交えて行うと検討する視野が広がるのでお勧めです。

ケース診断会議は参加者それぞれの仕事を中断して行うことも多いため、時間を無駄にしないように、あらかじめ次のようなことを準備しておきましょう。

図表61　ケース診断会議にあたって準備しておくこと

世帯基本情報	氏名や生年月日よりも、世帯構成や周辺環境などを説明できるようにする
検討事項	ケース診断会議でSVや参加者に尋ねたい事柄を簡潔にまとめておく
法的視点	保護の変更などが生じる場合、その法的根拠がどこにあるかを知っておく
自身の見解	検討事項についての自分の考えを持っておく

特に、**拙くてもよいので自身の見解**を持っておきましょう。目的が曖昧なまま、「どうしたらいいのでしょう？」といった姿勢でケース診断会議に臨むと、会議で決まった結果に対しても「自分が決めたことじゃない」とどこか他人事としてその事例に取り組むことになります。たとえ迷いがあってもケースワーカーとしての見解を持てば、仮に自身の考えと異なる決定であっても、責任をもって取り組むことができます。

より良いケースワークをするためにケース診断会議を活用しましょう。

助言・指導と不正受給

6 | 1 ◎…助言・指導は「必要最少限」が鉄則

▶▶ 助言・指導が命令にならないようにする

2−1で述べたように、ケースワーカーの助言・指導には、先生やコーチとは異なり、いわば「沿道のサポーター」のような被保護者との距離感が求められます。

先生やコーチの場合、多くはその分野の先達として経験を積みます。そして、その経験で得た知見や技術を、必要としている生徒・受講者に伝えるのが役割です。

ケースワーカーと被保護者は、**先生と生徒のような上下関係ではありません**。被保護者はさまざまな事情で生活に困窮し、その解決手段として生活保護を利用しています。ケースワーカーはその原因を把握して支援や助言を行い、被保護者の自立を促す伴走者としての役割を担っています。

ケースワーカーからの助言や指導は、伝え方を間違えると、被保護者に生活保護を受けるための絶対的な命令のように聞こえてしまうでしょう。そうならないためにも、ここではケースワーカーにとっての助言・指導の意味を改めて確認しておきましょう。

▶▶ 助言・指導は相手の状態を確かめてから

ケースワーカーが被保護者に対して行う指導・指示は生活保護法第27条に、被保護者がその指示に従う義務は同法第62条に記されています。

そのため、被保護者が保護の決定に必要な資料の提出を怠ったり、求

職活動など生活保護からの自立をめざす活動に後ろ向きだったりすると、「ケースワーカーとしてすぐに指導しないければ」と思ってしまいます。

　しかし、指導・指示は必要最少限度に止めるべきものであること、被保護者の意に反して強制できないことはしっかりと押さえないといけません。

■生活保護法

（指導及び指示）

第27条　保護の実施機関は、被保護者に対して、生活の維持、向上その他保護の目的達成に必要な指導又は指示をすることができる。

2　前項の指導又は指示は、被保護者の自由を尊重し、必要の最少限度に止めなければならない。

3　第1項の規定は、被保護者の意に反して、指導又は指示を強制し得るものと解釈してはならない。

（指示等に従う義務）

第62条　被保護者は、保護の実施機関が、第30条第1項ただし書の規定により、被保護者を救護施設、更生施設、日常生活支援住居施設若しくはその他の適当な施設に入所させ、若しくはこれらの施設に入所を委託し、若しくは私人の家庭に養護を委託して保護を行うことを決定したとき、又は第27条の規定により、被保護者に対し、必要な指導又は指示をしたときは、これに従わなければならない。

2・3　（以下略）

　求職活動を促す指導であっても、就労経験がなかったり、母子世帯など出産・育児でしばらくの間、仕事から離れていたりする被保護者にはハードルが高く感じることがあります。求職活動をする前に目的意識を持たせたり、就労意欲を呼び起こしたりするところから始めないと届けたいアドバイスも届きません。

　どのタイミングでどんな助言・指導をすれば、被保護者が自身で目的意識をもって動いてくれるかをしっかりと考えましょう。

6|2 ◎…ケースワーカー 助言・指導の 7原則

▶▶▶ 対人援助の基本的な姿勢を学ぶ

アメリカの社会福祉学者フェリックス・P・バイスティックは、1957年に著書『ケースワークの原則』で「バイスティックの7原則」を提唱しました。これは、援助の基本原則といわれています。

言葉にせずとも意識していることもあると思いますが、被保護者への助言・指導で注意すべき点として、この7つの原則を説明します。

図表62　バイスティックの7原則

①個別化の原則	クライエント（利用者）を1人の個人として扱う
②意図的な感情表現の原則	クライエントが自分の感情を自由に表現できる環境をつくる
③統制された情緒的関与の原則	援助者がクライエントの感情に飲み込まれず、冷静に対応する
④受容の原則	クライエントの感情や態度をそのまま受け入れる
⑤非審判的態度の原則	クライエントの行動や感情について善悪を判断しない
⑥自己決定の原則	クライエント自身の選択を尊重する
⑦秘密保持の原則	クライエントに関する情報は他人に漏らさない

▶▶▶ 個別化とは「キャラクター認識」

個別化の原則とは、被保護者それぞれの背景や興味、能力を理解することです。たくさんの被保護者を担当していると、どうしても同じような援助方針で助言・指導を行うケースが出てきます。特に、援助方針を「療養指導」「就労指導」などの言葉だけで捉えると、被保護者の個別化

がおろそかになりやすい傾向があります。

　被保護者を1人ひとり個別化するのが苦手な場合は、小説やテレビドラマ、漫画、ゲームに登場する人物やキャラクターを想像してみてください。それらの人物やキャラクターは物語の中で限られた情報しか皆さんに与えてくれませんが、それぞれ別のキャラクターとして認識されます。これは、その人物・キャラクターについて興味を持つことで、描かれていない背景にも想像力を働かせられるからです。

　この考え方を応用すれば、被保護者についてもキャラクターを認識するように捉え、表に現れてきていない背景を理解しようとすることで、個別化が少しずつできるようになります。

▶▶意図的な感情表現のための「アウェー感」の排除

　被保護者が自分自身の感情を素直に出せるように配慮することは、意外と難しいものです。生活保護を受けること自体に負い目を感じたり、ケースワーカーと会うだけで緊張したりする人も少なくありません。

　そこで、感情表現しやすい環境をつくるのが**意図的な感情表現の原則**です。

　カウンセリングルームのような刺激の少ない空間を用意したり、リラックスできるような音楽や香り、温かい飲み物を用意したりといった物理的な対応ができる福祉現場はほとんどないでしょう。

　それでも、ケースワーカーができることは少なくありません。

　例えば、**面接する場所を変える、相手に合わせた話し方・距離感を調整する、面接時に座る位置を工夫する**（3−1参照）など、ケースワーカー個人で試せる工夫はたくさんあります。機会をみつけて試行錯誤を重ねてみてください。被保護者が自身の感情を整理し、アウェー感を感じることをできるだけ減らせるよう意識しましょう。

▶▶統制された情緒的関与の原則に必要な「転換」の意識

　被保護者が攻撃的な感情をケースワーカーに示すのは、決して珍しく

ありません。警察に頼らなければいけないような暴力的な行為に及んでいるときや、酔っ払っていて何を話しているかわからないようなときは別ですが、相手の感情に飲み込まれたり、巻き込まれたりしないことが大切です。これが、**統制された情緒的関与の原則**です。

　相手の熱量に合わせるのではなく、まずは**相手と自分を第三者の視点で客観的に見つめ、同じ熱量になっていないかを確認**しましょう。そこで自分の熱量を抑えられれば理想的ですが、それが難しいと感じた場合は、他の要素を変えるとよいでしょう。具体的には、「場所」「速度」「人」の３点を変えることで、状況を冷静に立て直すきっかけをつくることができます。

図表63　相手の熱量を転換する３つの要素

場所	窓口で騒いだりしているときに、少し離れたソファーに座らせたり、面接室などに誘導したりする。 「ちょっと、こちらで話しましょうか？」
速度	相手とは違った速度やトーンで話しかけたり、質問したりする。 「ちょっと話を整理したいので教えてくれますか？」
人	SVや別の人に対応を変わる（可能なかぎりすべての対応を変えるのではなく、担当ケースワーカーも同席する）。 「私も話に入ってもいいですか？」

　基本的にはどれも小さな間を置くことで、相手の感情的な行動を連続させないようにして、ケースワーカーが冷静になるための時間を確保することがポイントです。

▶▶受容は「自分の価値観を変えること」ではない

　受容の原則は、被保護者の感情や態度をそのまま受け入れることですが、ケースワーカー自身の価値観と相容れないこともあります。そうした場合に、ケースワーカーの価値観に基づいたアドバイスをしても、被保護者は「自分の考えが否定された」と感じるだけで、素直に受け入れられないことがあります。

　「受容」とは、自分の価値観を相手の価値観に合わせて変えることで

はありません。どちらかというと、寂しさ、怒り、憎しみ、苦しみといった負の感情であっても、**相手の胸の内にこうした感情が存在することを理解する**というのが近いでしょう。

　まずは被保護者の価値観を「受け入れる」のではなく、「知る」ところから始めましょう。

▶▶ 善悪を「即断」しない

　非審判的態度の原則は、受容の原則とも重なるところがありますが、被保護者の言動の中で問題があったとしても、その善悪は本人が判断するのが理想で、ケースワーカーが善悪を決めないという考えです。

　被保護者が問題のある行為をしたときに、「なぜそんなことをするのか」と思ってすぐに注意したり、非難したりしてしまうことがあります。ここで「なぜ」と問うのは、ケースワーカーが正しいと思っていることがあるからです。しかし、被保護者自身に誤ったことをしているという認識がなければ、その誤りに気づくことも直すこともできないでしょう。

　生活保護では、不正受給など法に定めたことに反した行為に直面することがあります。ここでいう「善悪を判断しない」は、不正受給してもよいと言っているわけではありません。**法に照らして善悪を判断するより前に、ケースワーカーの考えで善悪を判断して、相手の援助に臨むようなことをしないということです。**

　ケースワーカーが被保護者に指導・指示を行うときは、良い助言をするためにも、被保護者の言動の善悪を即断せず、その背景をつかみ、時間を置くように心がけるのがよいでしょう。善悪ではなく、その後に被保護者がどう行動するのかを考えさせるような助言ができるように進めましょう。

▶▶ 被保護者の人生を「背負わない」

　自己決定の原則は、その名のとおり、「**自分のことは自分で決める**」ということです。

被保護者は生活保護を通してさまざまなことを決めないといけない現実に直面します。自身の生活を立て直すために、今まで逃げたり、先延ばしにしたりしてきたことにも向き合う必要があります。こうした被保護者が決めていないことや考えが及ばないことを、ケースワーカーが決めてはいけません。

　例えば、就労を阻害する要因が少ない被保護者に対して、ケースワーカーは就労指導を行いますが、職種や就労時間などを強要してはいけません。求職活動を行わないケースや、仕事をしていても余暇活動のような短時間の労働で満足してしまうケースも見られます。その場合でも、単に「仕事をしなさい」「もっと収入を増やすようにしなさい」と指導するのではなく、被保護者がなぜその決定をしているのかを理解し、生活保護からの自立に向けて必要な情報を提供します。**被保護者にとって有利な情報、不利な情報を提供して、被保護者が決定できる環境をつくっていくことを意識してください。**

　1人の被保護者にケースワーカーが関わることができる時間は長くて数年です。被保護者の人生の決定権をケースワーカーが背負わず、「沿道のサポーター」として正しく援助しましょう。

▶▶ 他人に知られたくないことは言わない

　被保護者のプライバシーを尊重して、安心してケースワーカーに相談できる環境を築くことも大切です。地方公務員法第34条第1項に定める「職務上知り得た秘密」を漏らさないのは公務員として当然です。**秘密保持の原則**では、それに加えて、**「被保護者が他人に知られたくない秘密を守る」**ことも含まれます。

　例えば、被保護者の中にはケースワーカーによる家庭訪問を周囲の人に知られたくないという人がいます。その場合、インターホン越しに大きな声で訪問を告げたりせず、あらかじめ被保護者と決めておいた方法で名乗ったり、人が少ない時間に訪問をしたりします。このような小さな配慮が、被保護者の安心感を高め、信頼関係を築く基礎になります。

▶▶▶ 7つの原則を守るよりも大切なこと

　バイスティックの7原則のすべてを厳格に守ることは簡単ではありません。そして、守ったからといって、皆さんが担当している被保護者との関係性が良好になるとは断言できません。むしろ、**原則に囚われるあまり、ケースワーカー自身が心身を消耗してしまうことは避けるべきです**。

　大切なのは、この7原則を知り、被保護者との関係がうまくいっていないときに思い出すことです。7つの原則のうち、どれか1つでも意識して実践し、被保護者の変化や結果を見るようにしましょう。成功するときも失敗するときもありますが、その経験を通じてケースワーカーに必要な援助の姿勢が身についていきます。

6│3 ◎…不正受給と 助言・指導の 流れを理解する

▶▶▶ ケースワーカーが指導をしなければいけないとき

　被保護者への指導は最少限度といっても、どうしても強く指導をしなければいけない場面があります。その1つが、**不正受給につながる行為を知ったとき**です。

　令和2年度（2020年度）の生活保護不正受給件数は約3万2千件、不正受給額は約126億円に上ります。乱暴ではありますが、不正受給額を全国の自治体数（1,741自治体）で割り戻すと、1自治体あたり約723万円になります。統計上、最も多かった平成24年度（約190億円）と比べると減少傾向にはありますが、まだまだ少ない額とはいえません（社会保障審議会生活困窮者自立支援及び生活保護部会（第14回）資料「生活保護制度の現状について」）。

　また、この統計には生活保護法第78条による不正受給として決定された額のみが計上されており、不正と断定できなかったものや、調査・指導の過程で収入の修正申告が行われ、生活保護法第63条による返還決定を行ったものは当然含まれていません。ケースワーカーは、不正受給につながる可能性がある案件を少なからず対応することになるため、一連の対応を知っておく必要があります。

　被保護者への指導や事務処理は、正しい方法かつ適切なタイミングで行う必要があります。まずは、不正行為の発見から返還決定までの流れとそれぞれのポイントを押さえましょう。

▶▶ 不正受給への指導は「起こる前」から始まっている

　生活保護における不正受給は、故意かそうでないかにかかわらず、被保護者が生活保護法第 61 条に定められた届出の義務を怠ることから始まります。

　被保護者が適切なタイミングで、世帯の収入などを正しく届けていれば、不正受給は発生しません。

　不正受給の対応・指導というと、事が起こってから行うものと思われがちですが、実際には不正受給が発生していない普段からの助言・指導や予防にも力を注ぐ必要があります。

■**生活保護法**

（届出の義務）

第 61 条　被保護者は、収入、支出その他生計の状況について変動があつたとき、又は居住地若しくは世帯の構成に異動があつたときは、すみやかに、保護の実施機関又は福祉事務所長にその旨を届け出なければならない。

　不正受給として発覚するケースの約 50％は**稼働収入の無申告**、約 11％は**稼働収入の過少申告**です（前掲資料）。これらの稼働収入は被保護者が申告を怠っても、課税調査や預貯金調査により比較的容易に判明します。

　悪質なものは別ですが、ケースワーカーの仕事は不正受給を暴いて被保護者を罰することではありません。むしろ、被保護者が生活保護制度を正しく理解し、自立に向かうよう支援することが大切です。

　生活保護の申請時、保護開始時、家庭訪問時、収入申告の提出時や未提出時など、あらゆるタイミングで届出の義務を説明し、正しく届出するよう指導しましょう。その際、届出することだけを指導するのではなく、「届出によって**生活保護費が正しく支給される**」ことも理解してもらえるように説明しましょう。

▶▶ 疑わしくてもすぐに尋ねない

不正受給（の疑い）のある事例は、課税調査や生活保護法第29条による関係先への調査のほか、市民や家主・民生委員など被保護者の周囲の人からの情報提供などで見つかります。ケースワーカーも家庭訪問や面接時に、被保護者からの申告と異なることを発見することがあります。

不正受給につながる無申告・過少申告の収入を見つけても、すぐに被保護者を問い詰めるのは良い方法ではありません。単に届出、報告をまだ行っていないだけかもしれません。

外部から不正受給の情報提供があったときは、特に注意が必要です。中には事実ではない憶測や、被保護者との関係性に起因する誹謗中傷の場合もあります。事実確認もせず被保護者に疑いの目を向けてしまうと、ケースワーカーの信頼はすべて失われてしまいます。

まずは手に入った情報と提出された書類やこれまでの被保護者との言動の差異を確認します。もし、収入申告書や就労状況申告書、資産申告書などが提出されていなければ提出するように指示します。

この際、不正受給の確認ではなく、**あくまでも保護の決定に関わる書類が提出されていないことへの指示**だということに注意が必要です。

金融機関や保険会社に関係先調査、ときには実地調査も行いますが、雇用先への調査はこの段階では行わないようにしましょう。被保護者の中には職場に生活保護を受けていることを話していないことがあります。雇用先に知られることで、同僚に知られたくないことを知られるなど、生活保護からの自立に悪影響を与える恐れがあります。

▶▶ 被保護者への聞き取りは尋問ではなく「事実確認」

不足していた書類の提出や関係機関の調査が終わり、この段階でもやはり不正受給が疑われる場合は、被保護者を呼び出して面接を行います。

面接は可能であればSVなど複数人で行います。本来、面接を複数人で行うと、被保護者に不要な緊張を与えてしまため、できるだけ避けたいところです。しかし、ここでは面接内容の正確な記録を最優先としま

す。

　被保護者には、調査で確認できた事実と申告されている内容に差異があることを伝え、その理由や経緯について聞き取ります。不正受給だと決めつけて詰問するのではなく、あくまでも疑問の解消が目的であると伝え、被保護者視点での事実確認を行う姿勢で面接にあたってください。

　被保護者の発言はできるかぎり丁寧に確認し、記録に残しましょう。

▶▶ 指示の前にケース診断会議を開く

　被保護者との面接を終えても、やはり不正受給の疑いが晴れない場合は、指導・指示や処分決定へと進むことになります。この際の指導・指示は生活保護法第27条に基づくものとなるため、ケースワーカー1人で判断せず、必ずケース診断会議にかけて、実施機関（福祉事務所）としての判断であることを明確にしましょう。

　被保護者への指導・指示は、まず口頭で行い、それでも従わない場合は文書で改めて行います。生活保護法第27条に基づく指導・指示は次の点に注意が必要です。

図表64　指導・指示の注意点

内容	注意点
明確に指示する	指示する内容は具体的に伝える × 「未提出の書類を提出してください」 ○ 「□月分の収入申告書と給与明細を提出してください」
できないことを指示しない	物理的に不可能な指示はしない × 「2時間以内に過去1年分の給与明細を会社で取り直してください」
期限を定める	指示内容を実行できる十分な期限を定める ○ 「□月□日までに提出してください」
根拠法令を示す	口頭の指示でも法に基づく指示である旨を伝える ○ 「これは生活保護法第27条による指示です」

　文書指示を行っても指示に従わない場合は、処分を決める前に、生活保護法第62条第4項に基づき、指示に従うことができない理由を聞き取る弁明の機会を設ける必要があります。

■**生活保護法**

（指示等に従う義務）

第62条　被保護者は、保護の実施機関が、第30条第1項ただし書の規定により、被保護者を救護施設、更生施設、日常生活支援住居施設若しくはその他の適当な施設に入所させ、若しくはこれらの施設に入所を委託し、若しくは私人の家庭に養護を委託して保護を行うことを決定したとき、又は第27条の規定により、被保護者に対し、必要な指導又は指示をしたときは、これに従わなければならない。

2　保護施設を利用する被保護者は、第46条の規定により定められたその保護施設の管理規程に従わなければならない。

3　保護の実施機関は、被保護者が前2項の規定による義務に違反したときは、保護の変更、停止又は廃止をすることができる。

4　保護の実施機関は、前項の規定により保護の変更、停止又は廃止の処分をする場合には、当該被保護者に対して弁明の機会を与えなければならない。この場合においては、あらかじめ、当該処分をしようとする理由、弁明をすべき日時及び場所を通知しなければならない。

5　第3項の規定による処分については、行政手続法第3章（第12条及び第14条を除く。）の規定は、適用しない。

▶▶▶処分決定の前にもう一度ケース診断会議を開く

　生活保護法第27条による口頭指示、文書指示、弁明の機会を経て、最終的な判断を行うときには、改めてケース診断会議を行います。

　指導・指示に従って疑問が解消されればよいものの、そうでない場合は、これまでの経過を踏まえて生活保護法第63条や第78条に基づく返還金・徴収金の決定、保護の停廃止や変更の決定を行います。

　返還金・徴収金の決定にあたっては、**金額の算定の根拠などを複数人で確認し、誤りのないように注意**してください。特に、不正受給ではない生活保護法第63条による返還金の設定と不正受給による生活保護法第78条の徴収金の決定では、控除や加算金の有無、さらには決定後の返還・徴収における強制徴収の可否などに違いがあります。

図表 65　不正受給の疑いがある場合の指導・指示の流れ

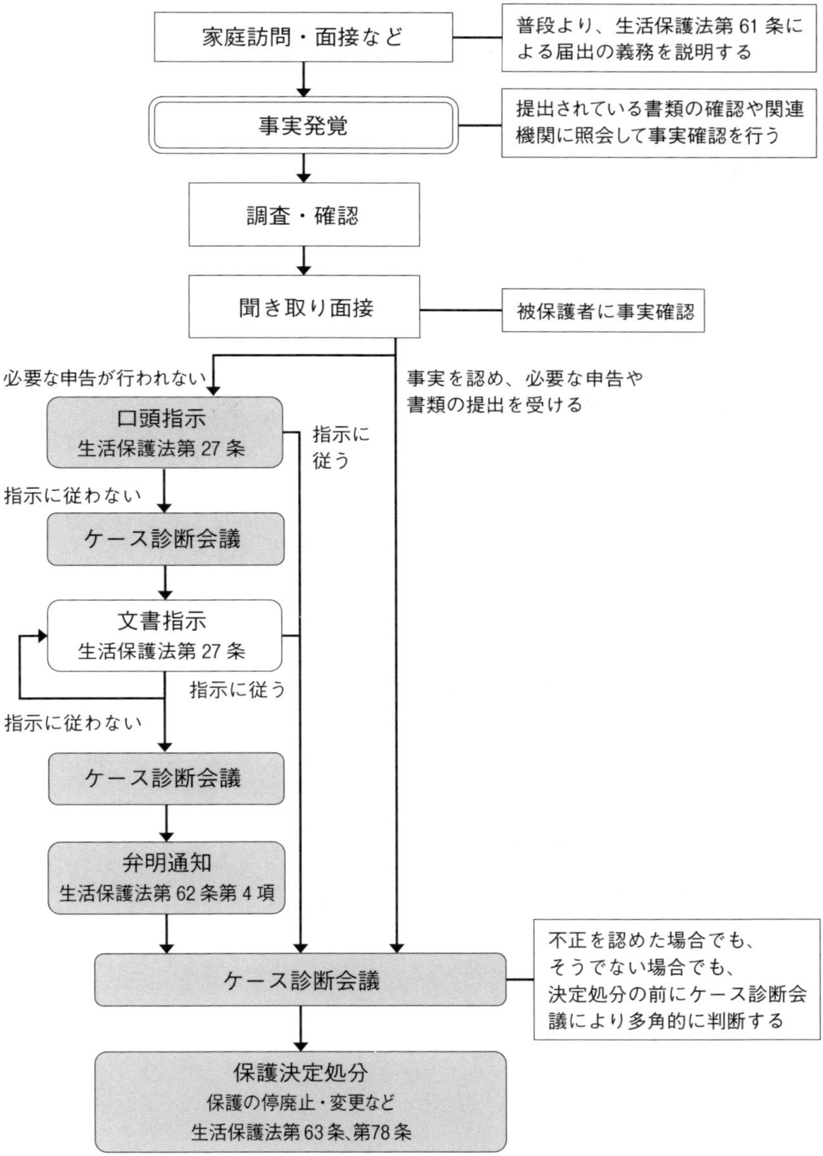

家庭訪問・面接など → 普段より、生活保護法第 61 条による届出の義務を説明する

事実発覚 → 提出されている書類の確認や関連機関に照会して事実確認を行う

調査・確認

聞き取り面接 → 被保護者に事実確認

必要な申告が行われない

口頭指示
生活保護法第 27 条

指示に従う

事実を認め、必要な申告や書類の提出を受ける

指示に従わない

ケース診断会議

文書指示
生活保護法第 27 条

指示に従う

指示に従わない

ケース診断会議

弁明通知
生活保護法第 62 条第 4 項

ケース診断会議 → 不正を認めた場合でも、そうでない場合でも、決定処分の前にケース診断会議により多角的に判断する

保護決定処分
保護の停廃止・変更など
生活保護法第 63 条、第78 条

図表 66　63 条返還金と 78 条徴収金の違い

	63条返還金	78条徴収金
債権の種類	公債権	公債権
控除	あり （勤労控除・自立更生費）	なし
加算	なし	あり （最大40%）
強制徴収	できない （生活保護法第77条の2による徴収金を除く）	できる

▶▶ 指導・指示は手順と記録を大切にする

　ここでは、主に不正受給が疑われる事例での指導・指示について説明しましたが、4 – 10 でも紹介したとおり、求職活動や通院を促す指導など、生活の維持や向上を目的とした指導でも同様の手順となります。

　生活保護法第 27 条による指導は、サッカーなどの競技で審判が提示するイエローカードの警告のようなものです。あまりに連発すると、被保護者はケースワーカーの判断を信用できなくなり、どこまでなら許されるかを探るようになったり、報告が必要なものを隠したりするようになります。

　時間も手間もかかりますが、**手順を踏んで指導し、それを記録に残すことで指導・指示の正当性が生まれます**。どうしても指導・指示が必要な場合は、腰を据えてしっかりと取り組みましょう。

6 4 ◎…正しい手順と記録がケースワーカーを守る

▶▶ 保護の決定と不服申し立ての手順

　生活保護の決定に不服がある場合、外国籍住民を除く被保護者は、行政不服審査制度に基づいて不服申し立てをすることができます。

　不服申し立ては、まず処分（決定）を行った福祉事務所を所管する都道府県知事（政令市の場合は処分内容により市長）に対して**処分があったことを知った日から３か月以内**に審査請求を行います。

　審査庁（都道府県知事など）は、処分庁（福祉事務所）の決定が正しい決定かどうかを審査し、裁決します。審査庁の裁決に不服がある場合は、１か月以内に厚生労働大臣に対して再審査請求を行うことができます。この決定に対しても納得できない場合は、行政訴訟を裁判所に提起することになります。

　審査請求が行われると、処分庁（福祉事務所）は審査請求人（被保護者）の訴えに対して、決定の理由・経緯を説明する弁明書や根拠資料を提出しなければなりません。審査庁は処分庁の弁明書と、それに対しての審査請求人の反論書などの提出を受け双方の主張を審査し裁決します。

　裁決の肝になるのは、決定が正しく行われたかどうかです。裁判所への訴訟とは異なり、法令に反していないか（違法性）に加えて、その決定が妥当であるか（不当性）も審査します。

　生活保護の決定は、生活保護法に基づいて保護の変更、停廃止、返還・徴収などを決めていますが、その内容だけでなく経緯が正しいかも問われます。例えば、生活保護の申請は原則14日以内に決定しなければいけません（生活保護法第24条第5項）。また、被保護者が指導・指示に

従わないときに保護の変更や停廃止をするときは弁明の機会を与えなければいけません（生活保護法第 62 条第 4 項）。

　こうした保護の決定に至るまでの手順で、決められた日数を守らなかったり、必要な手続きを怠ったりすると、決定の内容に違法性はなくても、手順に問題（不当性）があると判断され、決定が取り消されることがあります。

　特に被保護者に報告の義務がある（生活保護法第 61 条）とはいえ、報告がないことを理由に、十分な調査を行わずに決定してしまうことのないよう注意が必要です。普段の業務の中から「正しい手順とは何か」を常に意識して取り組みましょう。

図表 67　不服申し立て（審査請求）の手順

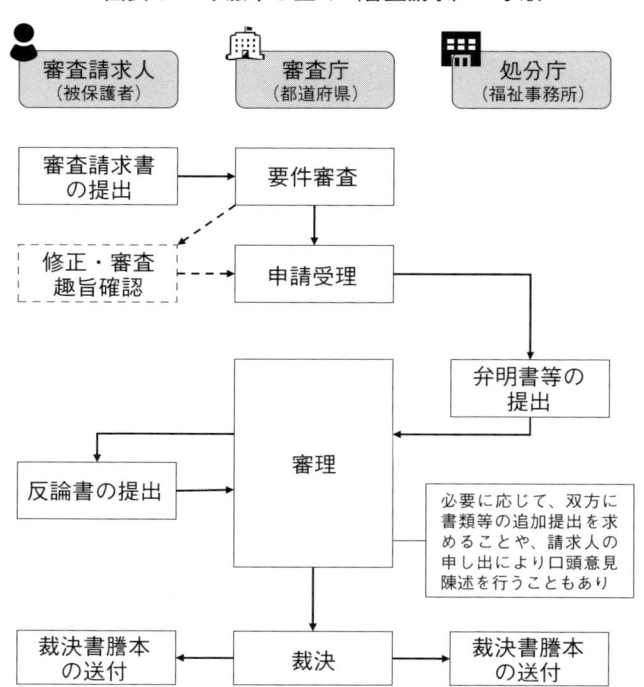

▶▶ 正しい手順で仕事をしたら必ず記録を作成する

　不服申し立ての審査で、処分庁（福祉事務所）やケースワーカーが正しい手順で保護の決定をしたことを証明する唯一の資料は、保護記録です。

　たとえ生活保護法や実施要領などに沿って正しい手順を踏んでいたとしても、その記録がなかったり、不十分だったりすると、審査請求があったとき弁明書でその正当性を説明できません。

　正しい手順で十分な調査を行って決定したときこそ、正確に記録しなければなりません。記録作成の省力化のために、収入認定や家庭訪問の記入様式が作られていたりする場合もあります。しかし、**記入欄を埋めることに気を取られ、必要な事項を書き漏らす恐れがある**ため、次の点に注意して記録を作成しましょう。

図表 68　正しい手順を証明するために必ず記録すること

記録事項	ポイント
日時	・家庭訪問や面接の日時だけでなく、事務処理を行った日も記録に残す ・提出書類や照会回答書類は日付の入った受領印を押印する
根拠法令等	決定の根拠となる法令や実施要領を記載する
同席者など	担当ケースワーカーや SV など、被保護者以外に面接や会議に同席している人がいれば職種や氏名を記載する

▶▶ 弁明書は簡潔かつ正確に作成する

　審査庁に提出する弁明書は、冒頭に請求の棄却裁決を求める弁明の趣旨を記載し、続けて決定に至るまでの事実経過、決定内容と決定理由を正確かつ簡潔に記します。また、審査請求書に記載された内容に事実と異なる点があれば必ず反論を加えましょう。

　弁明書の作成にあたっては、法的根拠や決定の正当性を意識し、過不足のない内容に仕上げることが重要です。ケースワーカー 1 人で作成せず、提出する前には福祉事務所内で内容を十分に確認しましょう。

さらに、処分決定通知書や指導指示書、収入申告書、生活保護法第29条による照会回答書類など、弁明書の中で言及した決定に関する書類はすべて証拠書類として提出します。

図表69　文例「弁明の趣旨」

1　弁明の趣旨
本職が審査請求人（以下「請求人」という。）に対して行った令和7年4月X日付け生活保護法（以下「法」という。）第78条に基づく徴収金決定処分（以下「本件処分」という。）は、法に基づいて適法に行ったものであり、請求人の審査請求を棄却するとの裁決を求める。

処分の正当性を明示し、棄却の結果を求める

図表70　文例「事実経過、決定内容と決定理由」

2　本件処分に至る経過
（略）
令和7年3月X日
処分庁の担当者は、○○福祉事務所に来庁した請求人に未申告の給与収入について確認したところ、当初は記憶にないなど述べていたが、（株）▲▲からの回答内容を伝えた後には、就労していたことや申告をしないまま給与収入を得ていたことを認めた。

請求人の主張の変遷は欠かさず記入する

令和7年4月X日

　処分庁は、ケース診断会議を開催し、未申告の給与収入合計724,000円から交通費や社会保険料等を控除した610,320円の給与収入を得ていたにもかかわらず、これを申告せず保護を受けたことが生活保護法第78条第1項の「不実の申請その他不正な手段により」保護を受けたに該当するとして、同項の規定に基づき、令和6年5月から同12月までに支給した保護費のうち当該相当額について、請求人に対して徴収することとする決定（本件処分）を行った。

返還額の算定根拠など、決定内容と時期、根拠を簡潔に書く

法的根拠を漏らさず記す

図表71　文例「処分の正当性」

3　本件処分の正当性について
 (1)　法令等の定め
　　　生活保護法第61条において、「被保護者は、収入、支出その他…（略）…と定めている。 ──── この処分に関係する法令を明示する
（以下略）
 (2)　本件における判断
　　　請求人は、生活保護開始時に、生活保護のしおりにより、収入申告義務について処分庁の担当者から説明を受け、その内容を理解している旨署名押印していたのであるから、給与収入があれば、それを申告しなければならないことは認識していた。 ──── 「知らなかった」などの請求人の請求への反論には、処分庁の認識・判断として見解を記す
　　　しかし、請求人は、令和6年5月から同12月までの間に、前記2で述べた給与収入を得たが、収入申告書では、働いて得た収入は0円であると申告しこれらについて申告せず、処分庁の課税調査等により、当該請求人が提出した収入申告書の内容が虚偽であることが判明した。
　　　以上を踏まえ、処分庁は、請求人について「不実に申請その他不正な手段により保護を受けたもの」と判断し、未申告の給与収入「必要最小限の実費」として交通費や社会保険料等を控除した610,320円に相当する保護費について、生活保護法第78条に基づく徴収決定（本件処分）を行ったものである。
　　　かかる判断は、前述した法令等の定めに即したものであって、違法及び不当な点はない。 ──── 違法性だけでなく、不当性もないことを明示する
 (3)　結語
　　　以上のとおり、本件処分に違法又は不当な点はないことから、本件審査請求は棄却されるべきである。

第6章　助言・指導と不正受給

▶▶ 審査請求は止められない

弁明書に対して、請求人（被保護者）が反論書を提出し、さらに追加の説明・回答を求められたり、請求人の申立てにより口頭意見陳述などが行われたりすることもあります。

こうして審査庁での審理が終わると、請求人、処分庁に裁決の結果が伝えられます。裁決の結果は大きく分けて次のとおりです。

図表 72　裁決の種別とその内容

種別	内容
却下 （審査請求が不適法）	・審査請求期間を経過している ・請求対象となる処分がない　など
棄却 （審査請求に理由がない）	・処分に違法性や不当性がない
認容 （審査請求に理由がある）	・法に定めた手続きを経ていない ・検討事項に不足がある ・返還金額の算定に誤りがある ・決定通知書の理由附記の不備　など

認容される（請求人の請求が認められる）と、当初の処分・決定は取り消されます。そもそもの決定が誤っている場合を除き、手順に問題があったことで請求が認容された場合は、改めて手順に沿って処分・決定をやり直すことになります。処分が取り消しされると、請求人は決定内容も誤っていると誤認したり、ケースワーカーの言葉に耳を傾けなくなったりするなど、関係性が悪くなることも少なくありません。

審査請求は請求人の権利なので、適正なケースワークを行っていても止めることはできません。いつ、誰から提起されたとしても、正しい手順で仕事をし記録に残すことでケースワーカー自身を守ることができます。

6 5 ◎…返還金は確実に 管理・徴収する

▶▶ 返還金はすべて自治体の債権になる

生活保護の返還金・徴収金が発生したとき、一括で返還・徴収できないことがあります。そうなると、ケースワーカーには返還しきれていない債権を管理し、適切に返還させるという事務処理が生じます。

生活保護費（扶助費）は国が4分の3、自治体が残りの4分の1を負担する仕組みです。しかし、返還決定して調定した額の4分の3は国費として国に返還されるため、自治体は回収できなくなって不納欠損処理を行わないかぎり、そのまま全額を負担する（すべて自治体の債権となる）ことになります。

ケースワーカーにとって、返還金がある被保護者に対して、毎月の生活保護費を支給して自立に向けて援助する一方で、過払いか不正受給かを問わず「生活保護費を返還させる」という、**ある意味方向性が真逆の指示を行うのは非常に難しい**ものです。

しかし、これらの債権は市税などの滞納と同じく、納付・徴収が完了しないかぎり、自治体の財産を損なったままです。返還を決定するだけでなく、納付・徴収の完了までを一連の業務として確実に処理しましょう。

▶▶ 強制徴収公債権と非強制徴収公債権

生活保護で決定する返還金・徴収金は、国税・地方税の滞納処分と同じように徴収できる「強制徴収公債権」と、強制徴収ができない「非強制徴収公債権」に分かれます。

種類	具体的な債権
強制徴収公債権 （強制徴収できる）	・生活保護法第78条による徴収金・加算金 ・生活保護法第63条による返還金のうち同法第77条の2の徴収決定を行ったもの
非強制徴収公債権 （強制徴収できない）	・生活保護法第63条による返還金 ・生活保護法第77条による徴収金 ・歳出戻入金

　各種年金や保険金のように受給日や金額が事前にわかっていて、返還を前提として被保護者と話ができている場合を除き、生活保護で発生する返還金・徴収金（債権）は一括で返還・納付されることはほとんどありません。特に**不正受給などの場合は、事実が発覚する時点ですでに費消されているケースが大半**です。

　被保護者は月々の収入をほぼ生活保護費（生活扶助）に頼っているため、一度に返還することができません。そのため、非強制徴収公債権では地方自治法施行令第171条の6に定められた履行延期の特約等を設定し、強制徴収公債権については被保護者からの申し出により分納誓約を行わせ、分割で返還・徴収することとします。

> **■地方自治法施行令**
>
> 　（履行延期の特約等）
>
> 第171条の6　普通地方公共団体の長は、債権（強制徴収により徴収する債権を除く。）について、次の各号の一に該当する場合においては、その履行期限を延長する特約又は処分をすることができる。この場合において、当該債権の金額を適宜分割して履行期限を定めることを妨げない。
>
> 　一　債務者が無資力又はこれに近い状態にあるとき。
>
> 　（以下略）

　強制徴収公債権は、いわゆる保護費からの天引きが可能です。また、

非強制徴収公債権についても口座振替での納付を促し、滞納が発生しないように注意しましょう。

▶▶ 分割納付期間を不必要に長引かせない

　返還金の分割を行う際の1か月あたりの返還額は、厚生労働省より生活の維持に支障がない範囲で行う目安として、**単身世帯で月額5千円、複数世帯で月額1万円**と示されています。また、加算額相当分（障害者加算の他人介護料及び介護保険料加算は除く）や、就労収入における必要経費を除く控除額相当分を加えても差し支えありません。

図表74　分割返還額の目安（単身者・1級地の場合）

条件	加算・控除の額	返済月額目安
加算等なし		5,000円
障害者加算（身障1・2級など）がある場合	26,810円	31,810円
障害者加算（身障3級など）がある場合	24,940円	29,940円
就労収入がある場合 （例：10万円の定期的な収入がある場合）	16,250円	21,250円

　分納額を決める際は、被保護者の希望に合わせて、安易に「月千円ずつ」といった低額で設定すべきではありません。返還金は被保護者に対して生活保護費を過大に支給したものであり、**一括返済が原則**です。必ず全額返還を前提に、資産・預貯金残高などを確認したうえで、その時点で返済可能な額を返済させましょう。残額については、図表74の目安に沿って返済計画を立て、着実に返還させるようにしましょう。

▶▶ 長期間の分割返済を確実に引き継ぐ

　長期間の分割返済を認めると、異動や担当替えによりケースワーカーが変わり、債権管理を引き継ぐことになります。
　このとき、分割返済の金額や方法、滞納状況など管理している情報は

しっかりと引き継ぎ、返済が途切れないように注意しましょう。

　長期間に渡って分割返済を行っているケースは、次の点に注意が必要です。

図表 75　分割返済時の注意点

ポイント	概要
納付確認	口座振替や納付書による納付の場合、滞納になっていないか毎月確認すること
債権時効	返還金の時効は 5 年なので、返済が滞っているケースは督促、一部納付、債務承認など時効中断に必要な措置を行うこと
死亡時の対応	債務は相続されるので、あらかじめ相続人を把握するとともに、死亡時には相続人から徴収すること

　返還金の債権管理は、一度分割納付が決定した後は、毎月の定例事務と考えて、納付確認や督促など福祉事務所全体で行うように整理しましょう。

第 7 章

ケースワーカーの仕事哲学

7｜1 ◎…ケースワーカーの成長を支える「まだ」という視点

▶▶▶ ケースワーカーはほめられない

ケースワーカーは、ほめられることが少ない仕事です。

新人であっても援助職のプロとしての振る舞いが求められ、これをやれば正解という明確な答えが存在するわけでもありません。被保護者や関係者、市民から厳しい言葉を投げつけられることもしばしばあります。

産業振興や観光といった分野であればイベントの来場者数、ふるさと納税の分野であれば納税額の増加など、成果が目に見えることが、その現場の職員のモチベーションアップにつながります。

しかし、生活保護の分野では統計上の数値に一喜一憂することはなく、広報分野における全国的な広報コンクールのようなわかりやすい目標設定もできません。

では、ほめられず、1人ひとりの仕事が評価されにくい生活保護の現場では、どんなマインドで仕事に臨めばよいのでしょうか。ここでは、これからのケースワーカーに必要なマインドセットについてお伝えします。

▶▶▶ 「まだ」を知って、成長につなげる

マインドセットとは、個人や組織・グループが持つ考え方や心構えをいいます。これは、生まれながらに持つ性格や育ってきた環境、価値観や判断基準に加え、時代背景や組織が持つイメージなどの要素で構成されています。マインドセットには、大きく分けて「**成長型**」と「**停滞型**」の2つがあると考えられています。

図表76　2つのマインドセット

種類	概要
停滞型	思考が停止した状態で、「このままでいいや」と思ったり、諦めたりする
成長型	状況を前向きに捉え、どうやれば現状を打破できるか導き出そうとする

　役所では、これまでのやり方を継続することが大切とされる風潮があります。しかし、生活保護の現場では、社会状況の変化やそれぞれ異なる被保護者の状況に合わせて、**柔軟な考え方で対応していく「成長型」のマインドセット**が求められます。

　そこで大切なのが「まだ」を知るという考え方です。

　ケースワーカーは被保護者と接する中で、対応に困る場面に何度も直面します。そのとき、今の知識や経験では答えられないこともあるでしょう。ときにはケースワーカーを責める声が上がるかもしれませんが、「**まだ知らないだけ**」「**まだやれていないだけ**」と、恐れずに目の前の事案に積極的に取り組んでください。知らないこと、経験したことのないことのほうが多いのは当然です。そこでどれだけ前向きに取り組めるかが、成長の鍵になります。

　また、無気力な被保護者と接してモヤモヤすることもあるでしょう。そんなときは、相手を安易に責めるのではなく「まだ**前向きになれていないだけ**」と考えてみてください。そう思うことで、その原因や周辺状況に目を配るきっかけが生まれるかもしれません。

▶▶ ほめる職場がケースワーカーを育てていく

　ケースワーカーは同僚や後輩をほめてください。SVや経験を積んだケースワーカーは特に、後輩の新人ケースワーカーの仕事を見て、労ってあげてください。

　ほめられることの少ない職場だからこそ、その仕事を知っている上司や同僚のほめ言葉はケースワーカーにとって大きな力となります。

7│2 ◎…監査のための
仕事をしない

▶▶ 法定受託事務と監査

　生活保護にかかる事務は、法定受託事務（国から委託されて行う仕事）です。そのため、国が定める生活保護法施行事務監査実施要綱に基づき、**年に一度、都道府県知事や厚生労働省が一般監査をすべての福祉事務所において実地で行う**ことになっています。

　監査では、福祉事務所の運営体制から、家庭訪問や面接の記録まで、幅広くチェックされます。

図表77　主な監査事項一覧

監査事項	内容
組織体制	ケースワーカーなど職員の配置状況など
実施方針・事業計画	地域の状況に合わせた方針、計画の策定
保護の決定実施状況	正しく保護費が算定されているか
訪問調査活動	訪問計画を立て、確実に実施されているか
保護の開始・廃止	法令に従った保護の開始・廃止となっているか
経理事務	保護金品の支給、返還金や徴収金、遺留金品の取扱いが正しく行われているか
調査状況	関係先の調査、年金の状況、扶養能力調査などの状況
医療扶助・介護扶助	医療扶助、介護扶助が適正に行われているか
個別の指導援助状況	被保護者への具体的な援助、助言の状況

　監査の結果、不適切な状態、そうではなくても改善が必要な状態が見つかれば、改善指示が行われ、福祉事務所には改善と報告が求められます。

▶▶▶ 優秀なケースワーカーは監査のための仕事をしない

　一般監査の日程が決まると、慌ててケースワーカーに家庭訪問の実施や関係機関調査を行うよう指示するSVがいます。その影響を受けて、ケースワーカーも監査で指摘されそうな被保護世帯を選び、指導・指示を強化することがあります。

　監査のチェック対象にその被保護世帯が選ばれなかったり、選ばれたとしても事前の対策によって改善指示が出されずに済めば、安心するかもしれません。しかし、このような仕事の仕方は慎むべきです。

　監査をきっかけに、訪問計画や事務の遅れを見直すことは大切です。しかし、**監査での指摘を避けるためだけに行う家庭訪問や指導・指示は、そのとき限りになりがちです**。監査が終われば元に戻り、次の監査の時期まで継続的な助言や指導が行われないようでは、監査対策として家庭訪問や指示を受けた被保護者にとってはたまったものではありません。

　優れたケースワーカーは、監査があるからといって、その場しのぎの対応はしません。普段から計画的に、適切なタイミングで被保護者への指導・指示を行い、監査を過剰に恐れていないからです。

　監査で行われる改善指示は、口頭での「注意」に近い指示に留められる場合もありますが、文書で具体的な改善事項が示される場合もあります。文書指示が出された場合には、改善状況を都道府県に報告し、場合によっては翌年の監査で再びチェックを受けることになります。そのため、改善指示は避けたいのが本音でしょう。しかし、むしろ改善指示を受けたときに**「まだできていなかったことを見つけてもらえてありがたい」**と前向きに捉えることができれば、仕事の質をより高めることができます。

　多くの被保護者を担当し、それぞれの課題に適切に対応するのは、ベテランのケースワーカーでも難しいことです。監査は、直接被保護世帯と接する機会のない監査員が第三者の立場から行い、ケースワーカーが気づかなかった点、足りていなかった点を見つけてくれます。監査の指摘は、監査後に取り組むべき指針として被保護者の支援に活かしましょう。

▶▶ 監査指摘の結果から見るケースワークの注意点

　令和 3 年度生活保護法施行事務監査の実施結果報告によると、指導・指示（監査での指摘）のトップ 3 は「生活実態」16.7％、「援助方針」13.2％、「資産把握」12.9％です。また、「訪問調査活動（家庭訪問）」の評価は別途行われており、27.9％が問題ありとされています。

　この 4 点について、注意しておきたい点をお伝えします。

①生活実態

　訪問調査や面接が不十分で生活実態が把握できていないというケースだけでなく、世帯主ばかりに注目して世帯員を把握しきれていないケースもあります。世帯全体をしっかりと見るようにしましょう。

②援助方針

　援助方針は主に保護開始時や年度当初に決めますが、一度決めるとそのままにしてしまうケースが見られます。世帯状況の変化に合わせて、援助方針を変えることを意識しましょう。

③資産把握

　保護が長期化したり、担当者が変わったりすると、改めて調べていないことがあります。特に、資産が活用できたときに生活保護法第 63 条による生活保護費の返還を前提に保有を容認されている不動産や保険契約などは注意が必要です。ケースワーカーが知らないうちに、名義や契約の変更や資産化されていないか確認するために、年に一度は資産申告をさせるとともに、関係先調査で現状を把握しましょう。

④訪問調査活動（家庭訪問）

　問題ありのうち半数は「訪問実績」、残りの多くは「目的達成」についてです。計画を立てても訪問しなかったり、目的もなく単に会話するだけだったりでは意味がありません。計画は機械的に立てるのではなく、目的に応じた回数を設定して実のある家庭訪問を行いましょう。

7│3 ◎…抱え込まずに仕事を動かそう

▶▶ ボールを動かしてゴールに近づける

　ケースワーカーの仕事は、自分で決めることが多い仕事です。

　家庭訪問の計画を立て、いつ行くかを自分で決めます。世帯の状況を把握し、援助方針を決めて支援します。被保護者から相談があれば一生懸命に考えて答えを出し、保護変更の処理も締切に遅れないように自分でスケジューリングします。

　自由度が高い仕事ともいえますが、被保護者の「最低限度の生活を保障するとともに、その自立を助長する」（生活保護法第１条）という目的があるため、何でも好き勝手に決めて仕事ができるわけではありません。むしろ、判断材料が少なくて決めきれなかったり、決めることが多すぎて自分で抱え込んでしまったりすることも多いでしょう。

　そんな人にこそ、**仕事を自分から「放す」ことを意識する**ことをお勧めします。

　サッカーのオランダ代表監督を務めたヨハン・クライフは、「**ボールを走らせろ。ボールは疲れない**」という言葉を残しています。サッカーの試合は90分間ですが、１人の選手がボールに触れるのはわずか１～２分にすぎないそうです。試合では、自らボールを保持してゴールに向かって走る場面も必要ですが、人が全力で走るよりも、蹴られたボールがゴールに向かうスピードの方が圧倒的に速いため、ゴールに近い味方にパスをする（ボールを走らせる）ことで、より効率的にゴールという目標に近づくことができます。

　この考え方は、ケースワーカーの仕事にも通じる部分があると思いませんか？　自分１人でボール（仕事）を抱えて、ゴール（目標）に近づ

けるのは時間もかかるし、とにかく疲れます。

　それよりも**自分とは異なるスキルや役割を持つチームメイトにボールをパス（指示・依頼）し、共に目標をめざしたほうが効率的**です。

　そして、そのチームメイトには被保護者自身も含まれます。被保護者の中にはゴールとは反対方向に動いたり、ゲームの目的を理解していなかったりする人もいるかもしれません。しかし、めざすべきゴールが見つかれば、被保護者が他の誰よりも速く、一生懸命にゴール（目標）に向かって走るはずです。

▶▶ 意図を示したパスを出す

　ボールを走らせる（パスを出す）といっても、無計画に仕事を丸投げしては何もうまくいきません。

　例えば、「病院に行ってください」「書類を提出してください」「仕事を探してください」といった指示を出して被保護者が従わなかったときに、指示に従わないからダメだと思うのは間違いです。これはまるで、パスの受け手が走っても届かない場所にボールを蹴っているようなものです。たとえ指示が通ったとしても、受け手が無理をして受け止めただけであって、次も成功するとは限りません。なぜうまくいったのか（うまくいかなかったのか）わからないままで大きな失敗をしてしまうと、そこからリカバリーすることもできません。

　そうならないためには、意図を持ったパスを出す必要があります。つまり、めざすべき目標や指示を出す側の意図を示すのです。

　「○○してください」という指示ならば、その前に「□□のために」といった目的を加えて、今いるポジション（現状）から次に目指すべきゴール（目標）について受け手に考えさせます。一方で、受け手に「こうしたい」という意図があれば、指示を出す側もそれを汲んでどうパスを出すのかを考えなければいけません。

　これは、他部署や外部の関係者と連携をとるときも同じです。しっかりとコミュニケーションをとって、意図を示しながらパスを出すことを心がけましょう。

▶▶ ボールを持たない時間にやるべきこと

　すべてを1人で抱え込んでチームを引っ張るという仕事のやり方から、専門的な機関や人と連携してチームでケースワークし、意図を持った指示を出せるようになると、仕事に余裕が生まれてきます。

　複数の被保護者について常に対応しているので、サッカーのように主体的に仕事をするのが90分のうち1〜2分程度でよいというわけにはいかないでしょうが、自分がボールを持っていない時間をしっかりと活用できれば、よりよいケースワークにつなげることができます。

　その活用方法は、いろいろなものが考えられます。休暇を取ってプライベートの時間をつくるのもいいですし、そこまで疲労が溜まっていないのであれば、自分の机の上を片付けるのでもかまいません。まずは、あえてケースワークを考えない時間をつくり、心身をリフレッシュさせて、仕事のオンとオフのメリハリをつけるようにしましょう。

　休息以外に、担当している被保護者の過去の保護記録を読んでみたり、他法他施策や面接などの研修資料を眺めてみたり、自分用の事務処理手順書を作ってみたりと、仕事の効率を上げる試みに充てるのもよいと思います。

▶▶ 生活保護の廃止

　生活保護を廃止する理由は、主に図表78のとおり分類されます。こ
こでは、生活保護の廃止時にしなければいけないこと、注意しなければ
いけないことを説明します。

図表78　生活保護廃止の主な理由

廃止理由	概要
死亡	単身の被保護者の死亡により生活保護を受ける者がいなくなる
就労自立	世帯主・世帯員の就労により世帯の収入が最低生活費を上回り生活保護を受ける必要がなくなる
転出移管	引越しにより居所が他の自治体に移る
資産活用	資産の売却や年金・保険金の受け取りにより当面の生活費が工面できるようになる
辞退	被保護者自身が生活保護を受けることを辞退する
失踪	被保護者の所在が確認できなくなる

▶▶ 被保護者の死亡と遺留金品の処理

　被保護者の死亡で保護を廃止するときは、4－3で述べた葬儀や埋葬、
身辺整理を行う必要があります。

　さらに、死亡時の対応としては、遺留金と残債権の取扱いにも注意が
必要です。医療扶助や介護扶助のように、死亡後に支出が発生しないも
のは問題ありませんが、葬儀費用である葬祭扶助は、被保護者の死亡後
に発生する扶助のため、遺留金品が被保護者に残されている場合は充当

（返還）処理を行う必要があります。

　葬祭扶助は、死亡した被保護者ではなく、「葬祭を行う者」への扶助です。扶養義務者が葬祭扶助を受けた場合、遺留金品は相続人に引き渡したうえで葬祭扶助額を上限に生活保護法第63条により返還決定します。一方で、扶養義務者以外の申請で葬祭扶助が行われたときは、生活保護法第76条により葬祭扶助額を上限に遺留金品を充当します。

■生活保護法

（遺留金品の処分）

第76条　第18条第2項の規定により葬祭扶助を行う場合においては、保護の実施機関は、その死者の遺留の金銭及び有価証券を保護費に充て、なお足りないときは、遺留の物品を売却してその代金をこれに充てることができる。

2　都道府県又は市町村は、前項の費用について、その遺留の物品の上に他の債権者の先取特権に対して優先権を有する。

　死亡時に入院先の病院などで現金管理されていないかぎり、遺留金が現金で残ることは稀です。また、遺留品に預貯金通帳があったとしても、記帳や払戻し処理はできません。

　そのため、相続人が存在する場合は、相続手続きの後に葬祭扶助額までの額を充当（返還）してもらいます。また、死亡した被保護者に生活保護法第63条による返還金や生活保護法第78条による徴収金が残っていた場合も、同様に相続人に返還・徴収処理を行います。

　葬祭扶助への充当を行った後も遺留金が残り、相続人がいない場合は、生活保護法施行規則第22条第2項により相続財産の清算人への引渡しが定められています。ただし、遺留金の残額が些少で申立費用が賄われない場合は供託所への供託が可能です。

　遺留金品は、必ず複数の職員で確認し、間違いのないように取り扱います。経理担当や債権管理担当の部署とも十分に調整したうえで処理しましょう。

▶▶ 就労自立給付金の支給を忘れない

　就労によって最低生活費を上回るだけの収入を継続的に得られるようになり、生活保護が廃止となる「就労自立」の場合、廃止時に「就労自立給付金」を支給することができます。

　これは、生活保護から経済的な自立を果たした被保護者に対してのインセンティブであり、再び生活保護に戻るリスクを軽減するための取組みです。生活保護の扶助ではなく、廃止後に支給されるため、使用用途の制限はありません。なお、この給付金は保護廃止の際の要否判定の対象になる収入ではないことにも注意が必要です。

　給付額は図表79のとおりですが、支給には申請が必要です。そのため、保護の廃止が決まった際には、説明を忘れないように注意しましょう。また、上限はあるものの、給付額は保護の廃止月よりも前の収入を基準に決められるため、仕事が決まった時点で制度を説明すると、被保護者の自立に向けたやりがいにつながります。**就労支援の一環として、ぜひ積極的に活用**してください。

図表79　就労自立給付金の給付額

算定方法	保護の廃止月から起算して前6か月間の就労収入認定額（必要経費認定額を除く）の10％の合計額を最低給付額に上乗せして支給する
最低給付額	単身世帯2万円、複数世帯3万円
給付上限額	単身世帯10万円、複数世帯15万円

▶▶▶ 移管時は実施機関の切り替え時点に注意する

　被保護者が他市町村（現在の福祉事務所の所管外）に引越しした場合、生活保護の実施責任が切り替わります。引越し後も要保護状態にある場合、新しい居所を所管する福祉事務所に実施責任を移すことを**移管**といいます。

　この場合、保護の廃止は生活保護法第26条にいう「保護を必要とし

なくなつたとき」ではなく、生活保護法第19条第1項による実施機関の変更に伴う事務的な手続きでの廃止ですから、新しい実施機関での保護開始日との間に空白が生じないようにしなければいけません。被保護者には保護廃止までに、引越し後すぐに新しい居所の福祉事務所に生活保護の申請を行うよう必ず伝えましょう。

■**生活保護法**

（実施機関）

第19条　都道府県知事、市長及び社会福祉法（昭和26年法律第45号）に規定する福祉に関する事務所（以下「福祉事務所」という。）を管理する町村長は、次に掲げる者に対して、この法律の定めるところにより、保護を決定し、かつ、実施しなければならない。

一　その管理に属する福祉事務所の所管区域内に居住地を有する要保護者

二　居住地がないか、又は明らかでない要保護者であつて、その管理に属する福祉事務所の所管区域内に現在地を有するもの

2～7　（略）

（保護の停止及び廃止）

第26条　保護の実施機関は、被保護者が保護を必要としなくなつたときは、速やかに、保護の停止又は廃止を決定し、書面をもつて、これを被保護者に通知しなければならない。第28条第5項又は第62条第3項の規定により保護の停止又は廃止をするときも、同様とする。

また、スムーズに移管処理ができるよう、引越しが決まったらすぐに、次の①～⑤について新しい居所を所管する福祉事務所に連絡しましょう。

①世帯の概要

氏名や世帯構成などの基本的な情報に加えて、援助方針や引き続き抱える課題を伝えます。

②引越し日時と保護廃止日

自治体間での取り決めで移管時の保護廃止日の取扱いを決めていることがあるので注意しましょう。

③引越し当月分の生活保護費の支給状況

通常、引越し前の実施機関で支給済みですが、転居後に級地が異なり、基準額が変わることがあるため、過不足が発生しないように支給状況を伝えましょう。

④引越しに際して支給した一時扶助（家具什器費、布団代等）の有無

重複支給にならないように、引越しに要した諸経費について伝えます。

⑤被保護者転出通知書、保護記録の写し等の送付

主に、保護開始時当初からの支援の経過がわかるように必要な部分を選んで送付します。

▶▶ 再保護に備えて、廃止時に伝えること

生活保護の廃止で最も気をつけなければならないのが、**再保護の可能性があるケース**です。

資産の売却や保険金の受け取りで一時的な収入があり、当面の間は生活ができるとして、生活保護を廃止するケースがあります。しかし、一時的な収入は、費消すれば再び最低基準を下回り、再び生活保護を必要とします。また、就労自立であっても、退職や病気により再び収入が少なくなることもありえます。

最も危険なのが、要保護状態でありながら「生活保護を辞退したい」と被保護者から申出があるケースです。こういったケースについては、生活保護を継続してさまざまな面から支援を続けるべきで、安易に保護を廃止してはいけません。

こうした再保護の可能性がある被保護世帯の保護を廃止するときは、生活保護は**「要保護状態であれば、何度でも受けられる」**ことを必ず伝

え、再保護をためらうことがないように助言しましょう。

　保護を「廃止」するとその被保護者に助言や指導はでなくなりますが、保護を「停止」するのであれば引き続き助言や指導が可能です。辞退届が出たからといってすぐに保護を廃止するのではなく、停止にして、保護の適用がなくても生活が維持できるかどうかを見守り続けることも1つの選択肢です。

■生活保護法による保護の実施要領について（局長通知）

第11　保護決定実施上の指導指示及び検診命令
　3　保護停止中における助言指導等
　　　保護停止中の被保護者についても、その生活状況の経過を把握し、必要と認められる場合は、生活の維持向上に関し適切な助言指導を行う等、所要の措置を講ずること。

▶▶ 保護の廃止時の振り返りを次に活かす

　生活保護の終わり（廃止）は、考えることも処理することも多く、「終わり」というよりは「続く」という心持ちになります。

　保護の廃止は1つの区切りですが、担当している世帯はその1つだけではありません。また、死亡を除いて、保護の廃止後も被保護者の生活は続きます。生活保護から離れても、その他の社会保障施策でサポートを受け続けることもあるでしょう。

　1人の被保護者の保護開始から廃止までの一連の流れを経験することはなかなかありません。すべてを自分が担当したわけでなくても、保護の廃止時にその被保護者への支援の経過をぜひ振り返ってみてください。そこには、ケースワークのさまざまなノウハウが詰まっています。

　生活保護担当の仕事は、市民の命と暮らしに直結するものです。皆さんが今後他部署に異動してもきっと役立つ視点と経験が得られるはずです。広い視野を持つケースワーカーへの歩みを一歩ずつ進めていきましょう。

●著者紹介

山中正則 （やまなか・まさのり）

大阪市西淀川区保健福祉課担当係長。生活保護ケースワーカーや SV（スーパーバイザー）を経験した後、広報担当、防災担当、健康推進担当などを経て現職。生活保護関連通知・通達を探すことができる「生活保護通知・通達総索引」を制作し、これまでに1,000を超える福祉事務所に無償配布。「地方公務員が本当にすごい！と思う地方公務員アワード2022」受賞。防災士。生活保護分野に加え、防災や自治体財政に関するゲーミフィケーションを活用した研修講師として活動している。著書に『福祉知識ゼロからわかる！ 生活保護ケースワーカーの仕事の基本』『生活保護ケースワーカーはじめての現場の実務』（ともに学陽書房）がある。

自治体の生活保護担当になったら読む本

2025年4月24日　初版発行

著　者　山中正則

発行者　光　行　　明

発行所　学 陽 書 房

〒102-0072　東京都千代田区飯田橋1-9-3
営業部／電話　03-3261-1111　FAX　03-5211-3300
編集部／電話　03-3261-1112
https://www.gakuyo.co.jp/

ブックデザイン／佐藤　博　　DTP 製作・印刷／精文堂印刷
製本／東京美術紙工